Antidumping
PRÁTICA DESLEAL NO COMÉRCIO INTERNACIONAL

J65a   Johannpeter, Guilherme Chagas Gerdau
      Antidumping: prática desleal no comércio inter-
nacional / Guilherme Chagas Gerdau Johannpeter.
— Porto Alegre: Livraria do Advogado, 1996.
130 p.; 14x21cm.

    ISBN 85-7348-009-2

    1. Dumping. 2. Concorrência desleal. I. Título.

CDU 339.137.42

Índices para catálogo sistemático

Concorrência desleal
Dumping

(Bibliotecária responsável: Marta Roberto, CRB 10/652)

Guilherme Chagas Gerdau Johannpeter

Antidumping

PRÁTICA DESLEAL NO COMÉRCIO INTERNACIONAL

livraria
DO ADVOGADO
editora

1996

© Guilherme Chagas Gerdau Johannpeter, 1996

Capa, projeto gráfico e diagramação
Livraria do Advogado / Valmor Bortoloti

Revisão
Rosane Marques Borba

Direitos desta edição reservados por
Livraria do Advogado Ltda.
Rua Riachuelo, 1338
90010-273 Porto Alegre RS
Fone/fax: (051) 225 3311
E-mail: liv_adv@portoweb.com.br

Impresso no Brasil / Printed in Brazil

$\mathcal{P}$refácio

O trabalho de Guilherme Chagas Gerdau Johannpeter, sobre legislação *antidumping* e práticas desleais do comércio, não poderia chegar em momento mais oportuno. Por dois motivos: primeiro, porque estamos na era da globalização, que implica um acirramento da concorrência, quer leal, quer desleal. Segundo, porque com a entrada em vigor, a partir de 1º de janeiro de 1995, da Organização Mundial de Comércio, que ampliou a disciplina de intercâmbio regida pelo GATT, criou-se uma instrumentação mais eficaz para o uso de dispositivos defensivos contra a concorrência desleal. É reduzida no Brasil, ao nível empresarial e talvez mesmo governamental, o conhecimento de mecânicas de proteção mais sofisticadas que os rombudos instrumentos de tarifas aduaneiras punitivas e reservas de mercado, a que estávamos habituados. Esse protecionismo exagerado resultava em ineficiência produtiva e pressão inflacionária.

A liberalização comercial, que se acentuou no Brasil a partir de 1990, levará a uma racionalização e modernização da economia. Encerra muitas vantagens e recomenda algumas cautelas. Nossas indústrias (e até certo ponto a agricultura) perderam o direito de ser ineficientes, com o esgotamento do velho modelo Capalino de substituição de importações. O modelo da CEPAL tinha um quádruplo viés: subestimação do potencial exportador, sobreestimação do planejamento e dirigismos governamentais, afeição ao Estado empresário e preconceito contra o investimento estrangeiro direto.

O comércio internacional de nossos dias, que cresce em ritmo superior ao das economias internas, apresenta um panorama complexo. São claras duas tendências até certo ponto conflitantes - a da globalização e a da regionalização.

A globalização não é, ao contrário do que postulam alguns "nacionalistas", uma opção neoliberal, facultativa e descartável. É uma imposição de eficiência e uma necessidade existencial se colimarmos dois objetivos indispensáveis nos países em desenvolvimento: a acelaração da taxa de crescimento e a atualização tecnológica.

O estudo de Guilherme Gerdau Johannpeter descreve a sinuosa evolução do comércio internacional, do mercantilismo do século XVIII, para a primeira onda liberalizante a partir de meados do século XIX, seguindo-se-lhe uma recaída protecionista na primeira metade deste século, até chegarmos à segunda onda liberalizante que caracteriza o globalismo hodierno. Três transformações dramatizam o progresso da globalização. Na fundação do GATT em 1948, estiveram presentes 23 Partes Contratantes. A OMC começou a operar em janeiro de 1995 com 80 países e hoje conta com 123 membros. Uma segunda transformação é o surgimento das empresas multinacionais como atores dominantes no comércio mundial. Através de funsões, incorporações e alianças estratégicas (estimuladas estas pelo alto custo da pesquisa tecnológica) as empresas se tornam cada vez menos nacionais, e cada vez mais "globais". E surge o fenômeno da "fábrica global" na qual a engenharia, o financiamento, a congregação de insumos, a produção e a comercialização se fazem em diferentes países.

A OMC, cujos estatutos são discutidos no trabalho em tela, recodifica o multilateralismo do GATT fulcrado no princípio do "tratamento da nação mais favoredida". E amplia seu escopo para cobrir a agricultura, serviços, a propriedade intelectual e os investimentos.

Paralelamente ao multilateralismo reafirmado na OMC, existem os "grupamentos regionais", dos quais os mais importantes são a União Européia e o NAFTA (North American Free Trade Agreement). Para nós, o agrupamento mais relevante é o constituído pelo MERCOSUL, formado pelo Brasil, Argentina, Paraguai e Uruguai, com a recente adesão do Chile.

Agrupamentos mais amplos são planejados para horizontes de tempo mais distantes, entrando pelo século XXI, entre 2005 e 2020, como o mercado continental do hemisfério ocidental (AFTA) e o mercado da Ásia e países do Pacífico (APEC). Estão ainda na prancha de desenho, com enormes obstáculos a superar.

Como conciliar a tendência de globalização com os impulsos de integração regional? A linha de conciliação é a observância do princípio de "regionalismo aberto". Em qualquer projeto de integração regional, o princípio reitor seria a liberalização do comércio intrabloco, enquanto a tarifa externa comum, aplicada a terceiros países ou blocos de países, não seria superior à média de proteção tarifária existente antes da integração regional. Assim, ao invés do multilateralismo aberto do GATT (nunca aplicado integralmente, em virtude das preferências coloniais e imperiais preexistentes ao GATT e por ele consolidada), praticar-se-ia um "regionalismo aberto". Isto é, a cláusula de tratamento igualitário da nação mais favorecida se aplicaria ao comércio entre os diferentes blocos, da mesma forma que se aplicava antes entre países individuais.

O vendaval da globalização, tendo como conseqüência um acirramento competitivo, tem provocado várias formas de adaptação defensiva. Há pressão, em alguns países ocidentais, particularmente em defesa contra o ardor exportador dos japoneses, dos tigres asiáticos e da China, em favor da intervenção governamental sob a forma de "comércio administrado" e de acordos bilaterais para contenção temporária de exportações.

O estudo de Johannpeter ilustra os vários mecanismos de defesa comercial compatíveis com a disciplina da OMC: os "direitos *antidumping*", aplicáveis quando as importações são ofertadas abaixo do "valor normal do mercado", os "direitos compensatórios", usados para neutralizar o efeito de subsídios dados no país exportador; e as "salvaguardas" para evitar dano grave às indústrias domésticas. Esses mecanismos visam a estabelecer defesas legítimas contra a concorrência de tipo predatório, sem bloquear as correntes normais de comércio.

O protecionismo é animal resistente e às vezes reaparece sob pretextos simpáticos. Um deles é o "protecionismo ecológico", hoje muito em moda, não sendo fácil distinguir entre a preocupação de preservação ecológica e o propósito de erecção de barreiras comerciais.

Outro é a acusação de "*dumping* social", que pode ser usado para criar obstáculos às exportações de países de mão-de-obra barata. Isso pode roubar oportunidades, aos países em desenvolvimento, de explorarem sua vantagem competitiva natural - a abundância de mão-de-obra barata. Se é legítimo o interesse humanitário de desencorajar o trabalho infantil ou a exploração de trabalho semi-escravo, a tentativa de alguns países, notadamnete os da União Européia, de exportar o seu complexo e dispendioso sistema de assistência social, constitui, em si mesmo, uma distorsão comercial. Infirma a potencialidade exportadora de países em desenvolvimento, cuja baixa produtividade é compensada, ao longo da curva de aprendizado, pelo baixo custo de mão-de-obra.

Na nova atmosfera de globalização, é extremamente importante para nossos tecnocratas e empresários, familiarizarem-se com os instrumentos *antidumping*. Estes já haviam sido legitimados nos acordos do GATT, mas a legislação foi reforçada e refinada nos estatutos da OMC. Infelizmente, em nossa economia fechada, na qual até há poucos anos predominavam as restrições quantitativas e as reservas de mercado, não nos preocupamos em apurar o treinamento administrativo e refinar o instrumental burocrático para uso de formas de proteção tais que os direitos *antidumping* e/ou compensatórios.

A análise histórica e operacional desses mecanismos nos Estados Unidos e na União Européia é uma das importantes contribuições do trabalho aqui discutido, que merece compulsado por empresários e tecnocratas interessados na expansão do comércio internacional.

Rio de Janeiro, agosto de 1996.

ROBERTO CAMPOS

Sumário

1. Introdução 15
2. Comércio internacional 19
   2.1. Nascimento dos Controles do Comércio
      Internacional 21
   2.2. Argumentos a favor do Comércio Internacional .. 23
3. Introdução ao GATT 31
   3.1. A morte da OIC 34
   3.2. Princípios fundamentais que regem o GATT...... 35
4. Rodada Uruguai 39
   4.1. Implicações da Rodada Uruguai 40
   4.2. Aprovação da Rodada Uruguai 42
5. Objetivos e atividades da OMC 45
   5.1. A transição entre GATT e OMC 48
   5.2. A solução de controvérsias na OMC 50
6. Das regras *antidumping* 59
   6.1. Aspectos históricos da política *antidumping*....... 60
   6.2. O início da utilização da legislação *antidumping*... 62
   6.3. As regras *antidumping* na atualidade 63
   6.4. O fundamento da legislação *antidumping* 64
   6.5. Da uniformização de procedimentos 67
   6.6. O sistema *antidumping* na União Européia 69
   6.6.1. Principais elementos da legislação *antidumping*
      européia 70
   6.7. O sistema *antidumping* nos Estados Unidos 75
   6.7.1. *Dumping* 75
   6.7.2. Fluxograma do processo *antidumping*
      Norte-Americano 77

7. Perspectivas econômicas do sistema *antidumping* 79
   7.1. Por que *dumping*? 83
      7.1.1. Maximização de vendas em vez de lucros 83
      7.1.2. Competição predadora..................... 84
      7.1.3. *Dumping* estratégico 84
      7.1.4. *Dumping* estrutural 85
      7.1.5. *Dumping* social 85
      7.1.6. *Dumping* ecológico........................ 87
   7.2. Números *antidumping* 88
8. *Harassment effect*: efeito causador de dano........... 91
9. *Dumping* ou subsídios 95
10. *Antidumping* no Brasil 99
   10.1. Histórico 100
   10.2. O sistema *antidumping* do Brasil na atualidade.. 102
   10.3. A organização institucional brasileira.......... 103
   10.4. Roteiro para investigação de *dumping*.......... 105
      10.4.1. Principais elementos da legislação *antidumping* brasileira 106
      10.4.2. Determinação do montante de *dumping* via comparação do valor normal e preço de exportação................................. 113
      10.4.3. Do dano à indústria 116
11. Conclusão.. 119
Anexo... 121
Bibliografia 127

1. Introdução

A história recente demonstra que os países que mais prosperam são aqueles que detêm os mais elevados índices de comércio internacional. A intensificação das relações de troca trouxe riqueza e progresso para os que dela souberam desfrutar. O Brasil negou esta realidade, que foi transparente a países hoje considerados desenvolvidos.Com efeito, o preço pago lhe custou o atraso decorrente de uma década perdida. A política protecionista, embalada pela substituição das importações, foi desastrosa, retardando nossa indústria com o pesado ônus da defasagem tecnológica. Embora pareça que o pior já passou, uma luz no fim do túnel, sinalizando a modernidade do país, assola a maioria dos brasileiros com a entrada de produtos estrangeiros e o crescimento constante da concorrência internacional.

Com o processo de abertura da economia e liberação de importações, está ocorrendo uma conscientização crescente, por parte do empresariado e dos agentes econômicos, quanto à necessidade de aprimoramento de sua forma de produzir, bem como a modernização da indústria brasileira. Neste mesmo cenário, preocupam as práticas desleais de comércio – *antidumping* e eventuais subsídios oferecidos pelo

Governo a produtores ou exportadores em relação a produtos que causem dano à indústria do país importador. Tal conscientização tem por efeito a promoção de medidas de ordem administrativa e judicial para coibir os efeitos dessas práticas desleais. Para promover estas medidas, deverão ser observados os princípios do GATT/OMC e as regulamentações do direito pátrio, ambos em sintonia com a finalidade última de promover o crescimento do comércio internacional em uma economia cada vez mais globalizada.

A ausência de estudos sobre o tema foi, juntamente com a proliferação das ações *antidumping* no mundo, a motivação para o aprofundamento no campo das práticas comerciais desleais. As dificuldades encontradas foram muitas, pois no trato da matéria a doutrina nacional é ainda pobre. A divergência quanto à legitimidade das medidas *antidumping* é tema polêmico, capaz de gerar inúmeras dúvidas relativas ao favorecimento do consumidor ou do produtor local. Sob pena de incorrer-se em erro, o objetivo deste estudo é de revelar o principal instituto das práticas desleais no comércio internacional, no âmbito jurídico econômico.

Por meio da constituição da Organização Mundial do Comércio (OMC), não só o Acordo referente aos direitos *antidumping*, como toda a estrutura decorrente da Rodada Uruguai, será mais eficiente que o Acordo Geral sobre Tarifas e Comércio (GATT) na promoção do livre comércio. O órgão de Solução de Controvérsias deverá igualmente desempenhar papel fundamental na composição dos conflitos entre os Membros do Acordo. Destas disputas, surgirá o aprimoramento da legislação que passará a enfrentar novas realidades, distintas do eixo Estados Unidos e União Européia.

A receptividade dos países em desenvolvimento pelo Acordo Constitutivo da Organização Mundial do Comércio é expressamente destacada, sendo esta uma oportunidade única de o país ser inserido na agenda do livre comércio.

2. *Comércio internacional*

Em um amplo cenário de relações internacionais que circundam o foco deste estudo, ponderações acerca do processo histórico de ampliação do comércio internacional são vitais para o entendimento dos problemas que hoje preponderam nas relações de troca entre países. Fenômenos e tendências, como globalização da economia e formação de blocos econômicos, são realidades inexistentes no passado recente, tendo origem em aspectos culturais, históricos e econômicos.

A troca de mercadorias entre comunidades diversas é uma prática que remonta à antigüidade. A economia do Império Romano baseava-se essencialmente no comércio entre as regiões que ocupava então. Já naquela época, o comércio constituía-se como elo entre produção e distribuição de produtos finais que se destinavam a diversos usos.

Como toda atividade econômica, num sistema de oferta e procura, a atividade visava ao lucro, diante da satisfação de uma necessidade humana.

O comércio era, nas primeiras sociedades, feito diretamente entre as pequenas comunidades que dispunham de excedentes de produção e desejavam diversificar as satisfações derivadas da utilização de outros bens que não produziam. As realizações de trocas partiam do pressuposto de que as partes tinham direito de propriedade sobre o objeto da permuta. Como nas sociedades primitivas os indivíduos não possuíam bens pessoais, o comércio foi originalmente intercomunitário. Não há, contudo, evidência documental dessa hipótese no terreno histórico.

Em Veneza, na Idade Média, a própria cidade era proprietária dos navios e muitas vezes da carga transportada para o resto do mundo. Parte dos lucros auferidos com estas transações era dedicado à construção de catedrais e palácios. Naquele período, caravanas de mercadorias percorriam o longo trajeto entre o Oriente e a Europa, transportando produtos como tecidos e especiarias de grande valor no Ocidente.

O comércio internacional, evidentemente, já existia naquela época e não teve origem somente na sua estruturação propriamente dita, no século XVI, com o surgimento dos Estados Nacionais. A partir daí, as nações envolvidas passaram a estabelecer políticas comerciais para fiscalizar e regulamentar a entrada e saída de mercadorias. Tiveram então início as grandes navegações, cujo objetivo principal consistia na busca de novas regiões que pudessem fornecer as matérias-primas e os metais preciosos de que a Europa necessitava.

O incremento do giro dos negócios deu origem à própria criação da moeda e de diversos outros instrumentos de troca comprovando, assim, os benefícios e o crescimento econômico proporcionados pelo aumento do nível de comércio internacional.

2.1 NASCIMENTO DOS CONTROLES DO COMÉRCIO INTERNACIONAL

Colbert e Mazarin, na época de Luiz XIV na França, já buscavam o controle diante do comércio internacional com o intuito de fortalecer o país a que serviam. Durante o século XVIII, o controle do comércio internacional assumia importante papel nas políticas econômicas internacionais – exemplos que resultaram deste cenário foram o *sugar act* dirigido às colônias norte-americanas e a *corn law*, para as Ilhas Inglesas.

As mais variadas vias de regulamentação ensejavam o protecionismo econômico, em que o governo deveria estimular as exportações e restringir as importações, obtendo-se, então, um superávit comercial. Para os mercantilistas daquela época, uma nação só poderia ganhar em detrimento de outra, ou seja, os objetivos das nações eram sempre conflitantes.

Podemos observar desde já que o mercantilismo era substancialmente incompatível com o nascimento do liberalismo econômico que, por volta dos séculos XVIII e XIX, apresentava argumentos sólidos em termos macroeconômicos a favor do livre fluxo de mercadorias. A prioridade dada aos indivíduos (consumidores), ao invés da nação, surgiu com os clássicos Adam Smith (Teoria da vantagem absoluta) e David Ricardo (Teoria da vantagem comparativa), que destacavam com comprovação fática os benefícios do intercâmbio comercial como forma de reduzir os custos de transação de economias em pleno crescimento.

A análise dos fatores econômicos é extremamente importante na definição feita posteriormente sobre a normatização de práticas comerciais desleais, mais precisamente *antidumping*. Muito embora a prática comercial desleal, em âmbito internacional, e a conseqüente imposição de Direitos *antidumping* sejam questões de valoração jurídica, não se pode perder de vista a coerência ideológica de certas teorias econômicas diretamente vinculadas ao tema principal.

É lícito defender a coerência de teorias econômicas em um estudo jurídico quando se percebe que o tema gera polêmica, amparando-se em medidas protecionistas, por um lado, e colidindo frontalmente com defensores do liberalismo econômico, do outro.

A realidade cotidiana tem demonstrado que ainda existem fortes correntes que defendem o total fechamento da economia brasileira, bem como o afastamento do País da tendência natural de globalização dos mercados. Sabe-se que o Brasil tem o maior Produto Interno Bruto (PIB) nominal da América Latina, US\$ 690 bilhões em 1995; entretanto, possui o menor grau de abertura (importações em relação ao PIB) – o qual não superou 7,2% do PIB nacional, em 1995. Na comparação com os países limítrofes, comprovadamente se pode afirmar que a economia brasileira vive isolada do restante do mundo. O Chile com um PIB de US\$ 67 Bilhões importou 21% do PIB em 1995 e o México 32%[1] no mesmo ano.

---

[1] Fonte Banco J.P. Morgan S.A., Economic Research, June 28, 1996.

2.2 ARGUMENTOS A FAVOR DO COMÉRCIO INTERNACIONAL

Para os mercantilistas, um país que, em condições desfavoráveis para a produção, importasse mais e exportasse menos, entraria em *deficit* comercial e comprometeria seu equilíbrio econômico. Exigiam que se decretassem tarifas protecionistas e proibições de importação em tempo hábil, para evitar que surgisse esta situação deplorável. A doutrina clássica demonstra que tais temores não têm mais fundamento. Um país, em que as condições de produção no setor industrial sejam menos favoráveis, não precisa temer que venha a exportar menos e a importar mais. Mesmo as nações com condições relativamente favoráveis de produção precisam admitir como vantajosas as importações das que tenham condições comparativamente desfavoráveis de produção daquelas mercadorias que, sem dúvida, as primeiras estariam mais aptas a produzir, embora não tão aptas quanto o são para a produção de outras mercadorias, em cuja produção se especializaram. A linha deste raciocínio é descrita por Roberts (1994) que, através de um simples exemplo, demonstra questão aparentemente complexa. O autor descreve que o diretor de uma fábrica, mesmo sendo o melhor digitador de seu Estado, pois ganhara uma competição, contrata uma secretária para digitar suas cartas, porque julga mais produtiva sua dedicação ao gerenciamento do negócio. Nesta mesma obra, o autor traz David Ricardo[2] para os tempos

---

[2] David Ricardo foi um economista inglês considerado como um dos maiores aplicadores do método de análise dedutiva econômica. Nascido em Londres em 18 de abril de 1772, seu primeiro emprego foi na Bolsa de Valores de Londres aos 14 anos de idade. Lá

modernos e descreve uma passagem onde um empresário defensor de teorias protecionistas encontra-se com o sábio economista e pergunta pela fábrica de televisores que ali sempre esteve, devidamente protegida por barreiras alfandegárias. A resposta de David Ricardo foi que estava justamente olhando para ela. O empresário retrucou:

"Mas está escrito *Merck and Co. Inc.*, uma empresa fabricante de produtos farmacêuticos!!"

"Exatamente" respondera David Ricardo. "Os japoneses vendem televisores para os Estados Unidos e nós enviamos produtos farmacêuticos para lá, nas bases de livre comércio".

Portanto, a teoria clássica do livre comércio diz que existem países com condições relativamente favoráveis e, outros, com condições relativamente desfavoráveis. Na ausência da intervenção dos governos, a divisão internacional dará por si só oportunidade a que todo país encontre seu lugar na economia mundial, não importam quais sejam as circunstâncias de produção, comparadas às de outros países. Sem dúvida, os que detenham condições competitivas favoráveis de produção serão mais ricos do que outros, mas esse é um fato que dificilmente poderá ser modificado por medidas políticas de curto prazo. Trata-se, simplesmente, do resultado da diferença dos fatores naturais de produção. Porém, as conjunturas mundiais alteraram-se consideravelmente. Desde os tempos de Ricardo, o pro-

---

trabalhou independentemente de 1793 a 1816. Em 1813, já milionário, retirou-se do mundo dos negócios. Serviu ao Parlamento inglês como membro de Portarlington de 1819 até sua morte em Gloucestershire em 11 de setembro de 1823. Sua mais significativa contribuição foi a obra *On the principles of Political Economy and Taxation,* cuja primeira edição foi em 1817.

blema que a doutrina do livre comércio teve de enfrentar, nos 60 anos anteriores ao advento da Grande Guerra, foi completamente diferente do problema com o qual teve de lidar, ao final do século XVII e no início do século XIX. Neste século, eliminou parcialmente os obstáculos que, ao seu início, ainda se mantinham no caminho da livre mobilidade do capital e do trabalho. Na segunda metade do século XIX, era muito mais fácil para o capitalista investir no estrangeiro do que na época de Ricardo. Estabeleceram-se leis e regulamentações sobre bases consideravelmente firmes; companhias constituídas por sociedades anônimas ofereciam a possibilidade de dividir o risco entre vários sócios e, portanto, reduzi-lo. Sem dúvida, seria exagero dizer que, no início do século XX, o capital fosse, na sua passagem de um país para o outro, tão móvel quando se demonstrava dentro do próprio país. Certas dificuldades ainda existiam. Todavia, já não era mais válido o pressuposto de que o capital precisava se manter dentro dos limites de cada país (Mises, 1987a).

O protecionismo, por sua vez, levou as companhias a não expandir suas operações ou expandir somente aquelas que pudessem ser exploradas com o mínimo de risco. As pessoas reconheceram a situação e viram-se impedidas de iniciar novos empreendimentos. Assim, antigos empregadores passaram a não mais empregar ou não empregar tantos quantos talvez empregassem; outros desistiriam de ser empregadores. Maquinaria aperfeiçoada e fábricas bem equipadas passaram a surgir mais lentamente, dada a situação. O resultado final a longo prazo foi ficarem os consumidores privados de produtos melhores, mais baratos e não haver melhoria nos salários (Hazlitt, 1986).

Como se o sucesso das relações no cenário internacional não bastasse, grupos calcados no corporativismo protecionista amparam suas idéias em conceitos voltados contra a normatização de uma sociedade baseada na livre competição. Isto leva a citar a feliz constatação de Mises (1987b, p. 48):

"O termo competição, quando aplicado às condições da vida animal, significa a rivalidade que se manifesta na busca do alimento. Podemos chamar este fenômeno de competição biológica. A competição biológica não deve ser confundida com a competição social, isto é, o esforço dos indivíduos para obter uma posição mais favorável no sistema de cooperação social. Como existirão situações a que os homens sempre atribuirão mais valor, as pessoas se esforçarão por alcançá-las e tentarão superar seus rivais. A competição social, conseqüentemente, está presente em qualquer forma concebível de organização social. Se quisermos pensar num estado de coisas no qual não haja competição social, teremos de imaginar um sistema socialista.

Os economistas clássicos eram favoráveis à abolição de todas as barreiras comerciais que impediam as pessoas de competirem no mercado. Medidas restritivas, explicavam eles, resultam no deslocamento da produção de locais onde as condições naturais de produção são mais favoráveis para locais onde são menos favoráveis. Protegem o homem menos eficiente contra seu rival mais eficiente. Tendem a perpetuar métodos já ultrapassados. Em suma, restringem a produção e rebaixam o padrão de vida."

No Brasil, a teoria do livre comércio sempre foi vista de forma distorcida. A exploração do rico pelo pobre, em que os países desenvolvidos compram matéria-prima dos países subdesenvolvidos e exportam o produto acabado, gerando, desta forma, profunda dependência econômica entre os últimos e os primeiros, é raciocínio simplista que infelizmente ainda perpetua em bancos acadêmicos brasileiros. O próprio modelo de substituição das importações, iniciado por Vargas e levado a cabo no período de 1930-1964, foi um exemplo que contrariou a teoria do livre comércio. Em países atualmente desenvolvidos, esse processo se deu por evolução, enquanto no Brasil aconteceu por substituição das importações (Schneider *et. al.*, 1990).

Na tentativa de desenvolver o País, a intervenção do governo na criação de um modelo de desenvolvimento resultou totalmente afastado das leis do mercado. O crescimento da indústria, como fim último do modelo de substituição de importações, foi percebido sem atender às reais vocações do País. Com efeito, um atraso enorme na agricultura, setor muito competitivo, foi presenciado ao longo dos anos, pois os recursos eram destinados a setores praticamente inexistentes. O planejamento feito pelos burocratas da época impedia que o consumidor final dos produtos tivesse o menor parâmetro de qualidade, pois eram totalmente proibidas as importações, de forma que o Estado era o maior empreendedor e verdadeiro detentor de monopólios em atividades "estratégicas". Qual foi o resultado deste modelo? Uma sociedade extremamente pobre, com riqueza concentrada, acentuada marginalidade social e um processo inflacionário crônico.

Muito embora ainda existam os que defendem o fato de que se pretendia na época estimular o aproveitamento dos enormes recursos potenciais do País, para que as empresas crescessem e logo se tornassem capazes de enfrentar os concorrentes externos, não houve restrições a capitais e tecnologias estrangeiros, nem idéias de reserva de mercado. Mas a grande questão, em relação à qual não se pode encontrar a menor coerência, é o fato de se ter evoluído para um fechamento de mercado cada vez maior. A lei de reserva de informática ilustra este afastamento de padrões de qualidade e competitividade internacionais – exatamente o contrário do que fizeram as economias asiáticas[3] bem sucedidas, cujo implacável esforço de concorrência levou aos níveis de prosperidade que causam inveja a muitos países do Ocidente.

Nacionalismo e protecionismo foram incentivados no período entre a Primeira e a Segunda Guerra Mundial, em que os limites das fronteiras entre países tornaram-se inclusive causas dos conflitos. A luta armada por fronteiras regrada basicamente por dissensões culturais e políticas não mais vigora nos tempos modernos do Ocidente. Atualmente, floresce a integração dos mercados – União Européia (UE), Mercado Comum do Sul (Mercosul), North American Free Trade Agreement (Nafta) – onde a interdependência, o multilateralismo e as relações de troca entre os países são crescentes. A própria estrutura das relações de troca foi muito influenciada pelas desastrosas conseqüências após a Primeira Guerra Mundial. A Alemanha praticamente destruída, e os problemas enfrentados com as dívidas de guerra dos Aliados com os Estados Unidos, fizeram com que muitos países não conseguissem retornar ao equilíbrio das contas externas anteriores a 1914. Este cenário levou algumas nações a optarem pelo caminho das barreiras tarifárias. O pior exemplo,

---

[3] Conhecidos tigres asiáticos: Taiwan, Cingapura, Coréia, Malásia e Hong Kong.

conforme salienta Campos (1994), foi o dos Estados Unidos, com a Lei Smoot-Hawley, de 1930, que acabou por contribuir para a Grande Depressão dos anos 30. As idéias de auto-suficiência econômica surgiram com o fascismo, na Itália, na Alemanha, e no Japão, por considerações militares, e na ex-URSS, por motivos ideológicos. Mas os europeus aprenderam com a guerra e, economicamente recuperados com a ajuda norte-americana, viram que dentro dos limites das rivalidades do velho Estado Nacional estariam condenados à condição de países de segunda classe. A instituição do Mercado Comum Europeu acabou por criar enorme área econômica de livre intercâmbio, contribuindo para a competitividade dos quinze países membros da UE, tornando-se um exemplo que passou a inspirar iniciativas semelhantes em outras regiões.

O ponto que se gostaria de frisar é justamente as vantagens que muitos países têm encontrado com a prática de um comércio livre, cuja normatização é fruto de acordos internacionais[4]. As regras a serem observadas na criação destes acordos pertencem ao Direito Internacional Público. Diante do exposto, e em que pesem os argumentos favoráveis à livre circulação de produtos entre países, nos próximos capítulos, pretende-se analisar o nascimento e os princípios que orientam o GATT[5] seguido pela

---

[4] A legislação em vigor, referente aos Acordos internacionais e *antidumping* especificamente, encontra-se relacionada em Anexo.

[5] Muito embora a Organização Mundial do Comércio (OMC) tenha hoje a atribuição de promover o livre comércio e sua normatização, o GATT 1947 foi o primeiro instrumento e serviu de base para futuras negociações (Rodadas); a última resultou no Acordo que estabeleceu a OMC, assinado em Marraqueche, Marrocos, em 15 de abril de 1994.

OMC, cuja finalidade é exatamente promover o processo de normatização do comércio internacional e reprimir práticas desleais como *dumping*, objeto principal deste estudo.

3. Introdução ao GATT

A Segunda Guerra Mundial (1939-1944) foi responsável por grande parte da destruição da Europa e conseqüente desestruturação das economias dos países industrializados. Os Estados Unidos, na qualidade de país vencedor das batalhas, tiveram a iniciativa de promover uma estrutura, em nível mundial, para fomentar e restaurar o desenvolvimento econômico. Na busca de uma organização liberal e multilateral devotada ao comércio internacional, Estados Unidos e Inglaterra, na metade da Segunda Guerra Mundial, passaram a discutir o problema da criação de um sistema monetário no pós-guerra. Funcionários do Departamento de Estado norte-americano começaram a trocar idéias com relação às regras e instituições que auxiliassem o comércio internacional que por sua vez crescia em volume e importância àqueles países.

Conforme Lowenfeld (1983), as razões pelas quais temas monetários e comerciais foram separados desde o início não são claras. Possivelmente, a explicação seja simplesmente porque, tanto nos governos quanto na iniciativa privada, a comunidade de banqueiros e de comerciantes eram distintas, o que deu origem ao GATT, ao Fundo Monetário Internacional (FMI) e ao Banco Mundial. Entretanto, a finalidade desses esforços era de aumentar o nível de atividade econômica internacional através da iniciativa privada, onde a intervenção dos governos estaria restrita; fundamentalmente, não haveria discriminação entre os países signatários do futuro Acordo.

Esse sistema, conhecido como Acordo de Bretton Woods[6], foi criado por iniciativa dos Estados Unidos, como parte de um esforço para estender o modelo econômico de produção em massa e expandir a divisão de trabalho a nível mundial.

Campos (1994, p. 62) destaca: "De longe, a mais interessante das conferências dessa época foi a de Bretton Woods. Num bucólico hotel desse vilarejo, nas montanhas de New Hampshire, a conferência se reuniu por três semanas, de 1º a 22 de julho de 1944. Dela participaram 44 países. Seu objetivo era montar a arquitetura de cooperação econômica e financeira do pós-guerra."

Neste período, os Estados Unidos encabeçaram a lista dos países interessados em criar a Organização Internacional do Comércio (OIC), que, juntamente com o FMI e o Banco Internacional de Reconstrução e Desenvolvimento (BIRD), formariam o chamado tripé da ordem econômica internacional, promovendo a adaptação de países ainda em desenvolvimento e o equilíbrio macroeconômico.

---

[6] A conferência de Bretton Woods, realizada em 1944, foi eminentemente de caráter financeiro, não comercial. Entretanto, lá foi registrada a necessidade de criar-se uma organização para tratar de assuntos relativos ao comércio internacional, que por sua vez complementaria as funções dos órgãos financeiros (FMI e Banco Mundial).

As negociações de Havana, finalizadas em 1948, tinham como finalidade alcançar a implementação da OIC normatizando, desta forma, as relações comerciais internacionais. Essas negociações começaram em fevereiro de 1946, por ocasião do primeiro encontro do Conselho Econômico e Social das Nações Unidas, quando foi designado um comitê preparatório, composto por 18 países, que deveriam planejar a agenda para a Conferência a ser realizada em Havana, no final de 1947. Foi inclusive neste Comitê que circulou originalmente o esboço do que deveria ser a OIC, tornando-se a base das discussões do Comitê. A delegação dos Estados Unidos também requereu que negociações à parte fossem feitas, priorizando a questão da redução de tarifas e a eliminação de acordos de preferência (Ely & Freiberger, 1993). Este mesmo Comitê, em negociações com os 23 países, veio a aprovar o Acordo que, em um primeiro momento, criou o GATT baseado em partes do esboço da OIC, cujo tema principal tratava de política comercial.

A Carta de Havana, resultado das negociações da época, mostrou-se ambiciosa em seus objetivos de disciplina e políticas comerciais, sendo por fim reencaminhada à Organização das Nações Unidas (ONU), ao contrário do FMI e do Banco Mundial, que se tornaram independentes das Nações Unidas.

Observando-se as circunstâncias de sua criação, nota-se que, inicialmente, o GATT seria apenas uma parte das regras a respeito do comércio internacional, criado pela Carta de Havana de 1948, como primeiro passo para a OIC.

Sabe-se, entretanto, que a OIC não foi criada, mas o GATT entrou em vigor em meados de 1948, através do "Protocolo de Aplicação Provisória", com

33

23 países subscritos, dos quais 11 já eram considerados desenvolvidos.

3.1. A MORTE DA OIC

Quando a OIC foi submetida ao Congresso norte-americano, na primavera de 1949, já não gozava de suporte capaz de sustentar sua aprovação. Os congressistas norte-americanos enfrentavam uma mudança no quadro interno e uma campanha presidencial prestes a explodir. Este fato foi muito bem usado pela oposição ao alegar que o Executivo não possuía mandato com alcance para a apreciação e que, portanto, não submeteria a carta à aprovação do Congresso. A ironia encontra-se justamente no fato de terem sido os Estados Unidos os principais motivadores da criação da OIC.

Algumas semanas depois, o governo inglês concordou com a manifestação norte-americana e também não pediu a ratificação da OIC (Lowenfeld, 1983). Com efeito, buscou-se dar o máximo de apoio ao GATT como instituição, pois a "morte" da original OIC era inevitável.

Ao contrário do que muitos pensam, juridicamente o GATT nunca foi uma instituição propriamente dita, mas um Acordo Comercial entre as partes contratantes que visavam, na época, à redução das barreiras tarifárias e do protecionismo aduaneiro que impedia o crescimento do comércio internacional. Embora originário de um começo estranho e incompleto, o GATT sobreviveu e cresceu. O fato de nunca ter sido aprovado definitivamente, ao contrário de "provisoriamente", foi uma das razões de ter perdurado por tantos anos sem mesmo tornar-se formalmente agência especializada em comércio internacional das Nações Unidas. Mas a ajuda das Partes Contratantes – e do secretariado da comissão responsável pela criação da OIC tornou-o efetivamente o mais importante Acordo responsável pela redução de tarifas e barreiras alfandegárias no pós-guerra[7].

Como o GATT, que nunca entrou definitivamente em vigor, é reconhecido como a principal organização de comércio internacional? A resposta tecnicamente correta encontra-se no Protocolo de Aplicação Provisória, em que o GATT recebe tratamento de Acordo Internacional à luz do Direito Internacional (Jackson, 1989).

3.2. PRINCÍPIOS FUNDAMENTAIS QUE REGEM O GATT

A dimensão da representatividade econômica das Partes Contratantes do GATT/OMC significa mais de 90% do comércio internacional que através de seus objetivos e princípios, estão dispostos a criar um conjunto de regras seguro e estável capaz de fomentar o crescimento da economia mundial. Para

---

[7] O Brasil é membro do Acordo desde sua formação, tendo participado das principais rodadas de negociações comerciais.
Como teoricamente o GATT não é uma "organização", não possui membros, de sorte que a terminologia utilizada pelo Acordo é "Partes Contratantes". Pode-se muitas vezes aqui referir-se a um ou outro membro à luz da própria evolução do Acordo.
Todos os quinze membros da UE são partes contratantes do GATT. Muito embora o tratado de Roma aloque competência às instituições da Comunidade como um todo para tratar de assuntos externos, cada país membro da Comunidade tem seu voto – geralmente coordenado pela Comissão da Comunidade (Jackson, 1990).

tanto, as partes contratantes acordaram em estabelecer alguns princípios, detalhados a seguir, que deverão ser observados para se atingir os resultados desejados.

O comércio internacional deve ser normatizado sob a égide da não-discriminação entre os países. Todas as partes contratantes são obrigadas pela cláusula da nação mais favorecida – most favorable nation (MFN). Esta cláusula assegura que, se dois países acordam em reduzir tarifas, a concessão é automaticamente estendida para as demais Partes Contratantes do Acordo. Esta é justamente a questão da não-discriminação no âmbito das relações comerciais. Muitos autores entendem este princípio como o mais importante nas normas contidas no Acordo. Assim sendo, se cada país observasse esse princípio, todos se beneficiariam a longo prazo, mediante utilização mais eficiente de seus recursos produtivos e a possibilidade de menor número de disputas comerciais. A cláusula MFN desempenhou papel-chave na construção do sistema comercial internacional no pós-guerra, e como tal foi incorporada no texto do Acordo Geral em seu artigo I, parágrafo primeiro, operando como fator primordial na homogeneização tarifária com relação aos países beneficiários, proporcionando competição formalmente igualitária (López, 1992).

"Restrições governamentais ao fluxo comercial devem ser mantidas no mínimo, e se alteradas, serão reduzidas, e não aumentadas" (Lowenfeld, 1983, p. 23). A intervenção dos respectivos estados nas economias dos países-membros é vista como prejudicial ao funcionamento do Acordo, uma vez que práticas desleais como subsídios estavam na mira dos defensores da economia de mercado.

As condições de comércio, incluindo os níveis de barreiras tarifárias, devem ser discutidas e acordadas no âmbito do Acordo. As Rodadas desempenharam um papel fundamental na discussão dos problemas que, em última análise, visavam à liberalização do comércio paulatinamente.

Nenhuma outra forma de restrição comercial, além de tarifas, poderá ser instituída ou mantida pelas partes contratantes (art. XI). Especialmente com relação a restrições quantitativas ou quotas de importação de bens que estão proibidas no âmbito do Acordo. Trata-se de provisão básica que do ponto de vista prático gera grande controvérsia, refletindo diretamente nos interesses dos países em desenvolvimento com grandes volumes de exportação. Em países desenvolvidos, as restrições quantitativas já não mais preocupam como no passado, embora existam ainda resíduos no comércio de aço, têxtil e na agricultura em geral.

A principal exceção às regras de restrições quantitativas do GATT permite que sejam utilizadas em momentos de dificuldades na balança de pagamentos (artigo XII). Mesmo assim, as restrições deverão apenas ser aplicadas na intenção de proteger a balança de pagamentos e deverão ser reduzidas e eliminadas quando não mais necessárias (GATT, 1992).

O Acordo limita e desaprova a prática de subsídios à exportação – com base na teoria de que tal subsídio poderá causar efeito distorcido com relação à política de tarifas da parte importadora (art. XVI).

O Acordo descreve algumas orientações genéricas com relação à união aduaneira e áreas de livre comércio destinadas a preservar os princípios básicos da não-discriminação e do comércio multilateral (art. XXIV).

Cabe salientar que o GATT não proíbe a proteção da indústria doméstica das partes contratantes. Entretanto, segue a linha dos princípios que norteiam o Acordo, o fato de que quando uma proteção é concedida, esta deverá ser operacionalizada essencialmente via tarifa aduaneira (*customs tariff*), evitando outro tipo de medida comercial de cunho protecionista. Entre outros aspectos, a intenção do Acordo neste ponto é exatamente tornar o protecionismo algo claro e previsível, de sorte a minimizar os riscos de distorção no comércio internacional. Uma vez que a finalidade do Acordo é a promoção do livre comércio entre as partes contratantes.

4. Rodada Uruguai[8]

Desde a entrada em vigor do Acordo, em 1º de janeiro de 1948, os países participantes do GATT se reúnem em encontros denominados Rodadas. O objetivo das partes contratantes nestas ocasiões tem sido o de reduzir tarifas e outras barreiras comerciais.

Baseado nos princípios econômicos e jurídicos do GATT, o Acordo proporcionou o veículo ideal para os sucessivos exercícios de redução tarifária até a última Rodada Uruguai que, iniciada em setembro de 1986, prolongou-se até 15 de dezembro de 1993.

Dentre as Rodadas levadas a cabo no âmbito do Acordo, as mais importantes foram a primeira de Genebra, Suíça em 1947, a Rodada Kennedy (1964-1967), e a Rodada de Tóquio (1973-1979).

A Rodada Uruguai, lançada em Punta del Este, foi a mais ampla e ambiciosa Rodada de negociações no âmbito do GATT desde sua criação. Após a reunião ministerial de Montreal (1988), o Acordo deveria ter sido concluído em 1990, em Bruxelas, o que

---

[8] A ênfase dada à Rodada Uruguai neste estudo serve, tão-somente, para que se compreenda o cenário internacional de relações comerciais em que o novo Código *antidumping* encontra-se inserido. Sugere-se consulta ao Anexo, para os respectivos textos legais que resultaram da Rodada Uruguai.

todavia não ocorreu, em função do mérito das negociações e dos interesses envolvidos serem demasiadamente inovadores e polêmicos. O Acordo só foi obtido em fins de 1993.

O resultado desta Rodada foi uma Ata Final de 450 páginas com textos legais que refletem a complexidade de um Acordo Internacional desta natureza.

A Rodada Uruguai, levada a efeito sob a égide do GATT, teve sua Ata Final assinada na Reunião Ministerial de Marraqueche, Marrocos, em 12 de abril de 1994, na expectativa de poder entrar em vigor em 1º de janeiro do ano seguinte. Para tal fim, todos os participantes comprometeram-se em acelerar seus respectivos processos de ratificação ou aprovação.

4.1 IMPLICAÇÕES DA RODADA URUGUAI

Em nota de Exposição de Motivos enviada pelo Ministro das Relações Exteriores, Celso L. N. Amorim, ao Presidente da República Itamar Franco, logo após a finalização das negociações, foram ressaltados os benefícios da mesma ao País:

"A conclusão exitosa da Rodada do Uruguai representa, antes de mais nada, garantia de preservação e fortalecimento do sistema multilateral de comércio, ao afastar o risco da fragmentação das trocas internacionais em blocos estanques. Seu alcance trará novo e necessário impulso à atividade econômica internacional, ao possibilitar – pelo aumento das trocas e pelo estímulo aos investimentos – a retomada do crescimento, com melhoria dos níveis de emprego.

Deve-se ressaltar que os benefícios gerais, bem como os particulares que decorrem das negociações temáticas e setoriais específicas, têm, como contrapartida natural, a obrigação de cada parte contratante, de adaptar, na medida do necessário as políticas e legislações aos resultados da Rodada do Uruguai, corolário da necessidade de preservar o sistema multilateral de comércio e sua base consensual.

Os principais avanços em liberalização comercial da Rodada do Uruguai situam-se nas áreas de acesso a mercados, em que se calcula, deverá ocorrer redução tarifária média global de cerca de 40% nos seis anos subseqüentes à entrada em vigor dos resultados da negociação. Adicionalmente deve-se sublinhar:

A) a reincorporação do comércio de produtos agrícolas às regras do GATT, a que se somam o congelamento e início de reversão dos esquemas de subsidiação;

B) o desmantelamento gradual, para comércio de têxteis – setor afetado por práticas antigas de quotas discriminatórias contra os países em desenvolvimento, das barreiras não tarifárias adotadas sob a égide do Acordo Multifibras (AMF), o que significa a reintegração do comércio têxtil às disciplinas do GATT;

C) a regulamentação das chamadas novas áreas, ou seja, serviços, propriedade intelectual e investimentos.

Do ponto de vista institucional, houve, igualmente, avanços significativos. Com a criação da Organização Mundial do Comércio (OMC) e o aprimoramento das normas de solução de controvérsias, *antidumping*, medidas compensatórias e salvaguardas, disciplina-se, de forma mais clara e firme, a atuação dos países no comércio internacional, diminuindo, assim, a capacidade de arbítrio das grandes potências comerciais na aplicação unilateral e indiscriminadora de medidas de proteção aos setores ineficientes de suas economias."[9]

4.2 APROVAÇÃO DA RODADA URUGUAI

Não obstante as resistências[10] no Congresso norte-americano, a aprovação da Rodada Uruguai pela Câmara, dia 29 de novembro de 1994 e logo após pelo Senado[11], os Estados Unidos deram novo fôlego para a afetiva implantação do novo mapa do comércio mundial.

Conforme se esperava, os Estados Unidos abriram caminho para que os demais países começassem o processo de aprovação, uma vez que, evidentemente sem sua participação, o destino da OMC não seria diferente da OIC[12].

Cabe salientar que os países podem dizer apenas "sim" ou "não" aos Acordos, já que não há a faculdade legal de emendá-los, uma vez que a inten-

---

[9] Exposição de Motivos do Ministério das Relações Exteriores ao Presidente da República. Fevereiro de 1994.

[10] Na Câmara, 146 deputados votaram contra e 288 a favor do Acordo GATT 1994.

[11] No Senado, a maioria simples não era suficiente para garantir a aprovação. Como os Acordos do GATT reduzem as tarifas alfandegárias, haverá uma diminuição de cerca de US$ 11 bilhões (onze bilhões de dólares) na arrecadação do Tesouro norte-americano, sendo então necessária uma autorização (*waiver*) de três quintos do Senado. Isto significa que 60 entre os 100 senadores terão de votar "sim" para que os Acordos do GATT sejam ratificados.

[12] É consenso entre os doutrinadores de que o fato de os Estados Unidos não terem submetido a Carta de Havana, que criava a OIC, à aprovação do Congresso foi decisivo.

ção era os possíveis choques de interpretação ou vigência de certos dispositivos. O tratamento uniforme à luz do Acordo foi uma busca e uma vitória dos países em desenvolvimento. Entretanto, ao se analisar o caso específico da aprovação da Rodada Uruguai pelos Estados Unidos, constata-se que estes não estão dispostos a perder sua soberania para "tecnocratas sem voto de Genebra"[13]. Sabe-se que, nos próximos cinco anos, contados a partir da entrada em vigor da OMC, este órgão adotará três decisões contra os interesses norte-americanos, os Estados Unidos se retirarão do organismo. Com efeito, os representantes norte-americanos encontraram na Convenção de Viena sobre Direito dos Tratados[14], que dispõe sobre a retirada de um Tratado em virtude das conseqüências causadas pelo mesmo no âmbito interno, uma forma de pressionar as decisões do órgão a seu favor.

No Brasil, o Acordo foi apreciado pela Câmara dos Deputados e aprovado, por votação simbólica, mediante acordo de lideranças na noite do dia 7 de dezembro de 1994. Salienta-se o papel do então Ministro das Relações Exteriores, Celso Amorim, na aprovação pela Câmara dos Acordos da Rodada Uruguai, cujo esforço diplomático foi fundamental à aprovação do GATT 1994.

No Senado Federal, a ata final da Rodada Uruguai foi aprovada uma semana depois, também mediante acordo de lideranças, logo após ter sido retirada de pauta uma emenda ao projeto de decreto legislativo onde se previa o referendo do Congresso

---

[13] Expressão usada pelo senador Robert Dole, líder da oposição na aprovação do Acordo no Congresso norte-americano.
[14] Aberta à assinatura, em Viena, a 23 de maio de 1969. Entrada em vigor (art. 84) a 27 de janeiro de 1980.

Nacional aos Acordos do GATT. A eventual aprovação da Emenda poderia comprometer o ingresso do Brasil como membro originário da OMC, pois o projeto teria de ser novamente apreciado pela Câmara dos Deputados, e o prazo final para a aprovação e ratificação deste Acordo internacional era de 1º de janeiro. No Senado, os pontos que encontraram maior resistência por parte da oposição foram os efeitos sobre a indústria farmacêutica nacional e os entendimentos sobre propriedade intelectual.

5. Objetivos e atividades da OMC

A OMC, criada pela Rodada Uruguai de negociações comerciais, a mais ampla e ambiciosa já realizada, assinada em abril de 1994 em Marraqueche, no Marrocos, resgatará uma tarefa inacabada pela OIC.

Tecnicamente, a OMC foi criada pelo Acordo de Marraqueche, associada aos instrumentos legais resultantes da Rodada Uruguai (GATT 1994).

Como salientou Petersmann (1994a), com a entrada em vigor da OMC, estão construídas as fundações legais[15] para o novo mecanismo de comércio internacional que regrará as relações de troca no século XXI. Com a OMC, a estrutura do tripé do sistema Bretton Woods (Banco Mundial, FMI e OMC) estará completa.

No seu preâmbulo, o Acordo que estabelece a OMC reitera os objetivos e princípios do GATT, com a determinação de gerar mais empregos, aumentar o padrão de vida e renda, expandindo a produção e o comércio juntamente com o aprimoramento dos serviços a nível internacional:

---

[15] As regras traçadas pelo Acordo da OMC são de natureza genérica e enfatizam os princípios jurídicos e econômicos de países abertos ao comércio internacional.

- Novo Código de conduta para as relações de longo prazo no movimento internacional de bens, serviços, pessoas, investimentos internacionais e direitos da propriedade intelectual; como uma nova organização mundial do comércio, deverá fortalecer a coordenação das políticas econômicas internacionais e dar assistência no que diz respeito ao novo mecanismo de solução de controvérsias entre os países;

- como um fórum facilitará futuras negociações no comércio de bens, serviços, investimentos relacionados com comércio, meio ambiente e desenvolvimento;

- introduz a idéia de "desenvolvimento sustentável", em relação à otimização dos recursos mundiais, e à necessidade de proteção e preservação do meio ambiente de forma consistente com os vários níveis de desenvolvimento econômico;

- reconhece que existe necessidade de países, menos desenvolvidos ou subdesenvolvidos, assegurarem sua maior participação no crescimento do comércio internacional.

A OMC facilitará a implementação e operacionalização de todos os Acordos e instrumentos legais negociados na Rodada Uruguai. Uma inovação radical trazida pela OMC foi o fato de estar contida num único Acordo cujo objetivo é criar instrumento jurídico multilateral integrado, incluindo os resultados do GATT 1947, os esforços de liberação comercial do passado e os resultados da Rodada Uruguai de negociações multilaterais. O Acordo de criação da OMC integra os cerca de 30 acordos da Rodada Uruguai e os 200 instrumentos anteriores do GATT em uma única estrutura legal. Com efeito, maior força institucional será proporcionada à OMC, ao contrá-

46

rio dos resultados da Rodada de Tóquio, em que uma série de Acordos distintos foram realizados. A OMC gozará da adesão à quase totalidade de seus instrumentos legais[16]. Conforme dispõe o próprio Acordo, somente quatro Acordos são opcionais: referentes ao comércio de Aeronaves civis, Compras Governamentais, Arranjo Internacional sobre produtos lácteos e Arranjo sobre Carne Bovina. Os demais devem ser objetos de aprovação compulsória por parte dos membros da OMC.

Dentre as decisões operacionais tomadas na conferência de implementação da OMC, em Genebra, podemos destacar algumas diretrizes traçadas:

- transferência de todos os ativos e passivos do GATT para a OMC, em 1º de janeiro de 1995;

- adoção de orçamento comum para o GATT e OMC no primeiro ano da OMC (1995);

- estabelecimento de procedimentos relacionados com a transição do GATT para OMC, visando principalmente a afastar qualquer possibilidade de duplicação de procedimentos entre o antigo GATT e a nova OMC; inclusive provisões para uma única notificação entre GATT e OMC.

O processo de tomada de decisões seguirá os moldes de consenso firmados pelo GATT, caso nenhum dos participantes formalmente contraponha-se em determinada decisão. Se o consenso não for possível, as decisões serão tomadas pela maioria, na base de "um país, um voto"[17]. Existem, entretanto, exceções que devem ser observadas. Em se tratando de questionamentos acerca de interpretação de pro-

---

[16] Artigo II do Acordo que estabelece a OMC.
[17] Ressalvada a UE, que terá tantos votos quantos seus membros pertencentes à OMC.

visões do Acordo e *waiver* de uma obrigação de país-membro – as imposições do Acordo são mais severas. A maioria necessária nestes casos é de três quartos dos membros, enquanto no âmbito do GATT era somente dois terços dos votos representando ao menos metade dos membros.

5.1. A TRANSIÇÃO ENTRE GATT E OMC

A OMC não sucederá, no sentido legal utilizado pela Conferência de Viena a este termo, o GATT de 1947, nem mesmo o exclui do mundo das relações comerciais internacionais. A OMC representa nova organização, dotada de personalidade jurídica internacional, criada em torno dos resultados da Rodada Uruguai de negociações multilaterais e aberta àqueles que aceitem o conjunto de regras nela contida. Conforme já foi mencionado, e ao contrário do que as partes contratantes presenciaram em negociações anteriores, desta vez a aprovação dos instrumentos decorrentes das respectivas negociações multilaterais será única, no sentido de congregar vários Acordos em um só[18].

Naturalmente, com a adesão formal dos 124 países que a idealizaram, a OMC ganhará força e credibilidade para implementar as reformas necessárias ao livre comércio.

A União Européia e países como os Estados Unidos já determinaram não mais aplicar os dispositivos do GATT 1947, esperando assim, que os demais sigam seu exemplo.

---

[18] Ressalta-se a exceção no que diz respeito à aprovação facultativa dos Acordos Plurilaterais.

Diante do quadro que se apresenta, se um país vier a ser membro da OMC, os demais conhecerão perfeitamente seus direitos e obrigações, uma vez que as regras do jogo no âmbito internacional existem, são válidas e geram efeitos para os países-membros[19]. Impulsionados por esta tranqüilidade gerada pela segurança do conhecimento das regras e pela conseqüente liberalização comercial, acredita-se em reduções de barreiras comerciais que bombearão pelo menos US$ 510 bilhões (quinhentos e dez bilhões de dólares) ao ano para a renda mundial até o ano 2005, segundo novas avaliações dos técnicos do GATT. Essa avaliação – que é quase o dobro dos US$ 235 bilhões (duzentos e trinta e cinco bilhões de dólares) estimados inicialmente – deve-se aos efeitos dinâmicos em curso do aumento da renda sobre o investimento de capital, concorrência mais ampla e os ganhos para o consumidor, graças ao barateamento das importações e abertura dos mercados.

Em decisão tomada na Conferência de implementação da OMC, realizada em Genebra dia 8 de dezembro de 1994, foi acordado o período de um ano de coexistência entre os Acordos da Rodada de Tóquio sobre *antidumping*, Subsídios e Medidas compensatórias. Ao mesmo tempo, foram convidados os Comitês destes Acordos da Rodada de Tóquio a manterem seus mecanismos de solução de controvérsias por um período de dois anos. Este período mais longo leva em consideração o fato de os casos envolvendo *antidumping* e medidas compensatórias serem geralmente mais técnicos e levarem mais tempo para serem resolvidos que disputas

---

[19] Preenchimento dos planos de existência, validade e eficácia dos atos jurídicos.

oriundas do Acordo Geral (*the WTO enters into force*, 1994).

5.2. A SOLUÇÃO DE CONTROVÉRSIAS NA OMC[20]

A OMC entrou em vigor dia 1º de janeiro de 1995, com um total de 80 países-membros, personalidade jurídica internacional independente e gozando dos privilégios e imunidades concedidos às agências especializadas das Nações Unidas. Espera-se que as decisões deste órgão, no âmbito do comércio internacional, terão maior rigor no que diz respeito à solução de controvérsias dos países-membros.

Na Ata final que criou a OMC, os membros acordaram em não tomar ações unilaterais contra eventuais violações por parte de países-membros às regras do Acordo. Assim sendo, o país que se sentir lesado por uma prática comercial desleal, procurará amparo legal no novo sistema de solução de controvérsias, fruto da Rodada Uruguai. Foi consenso de todos os países participantes, de que a compreensão do funcionamento das regras e procedimentos do novo sistema é fundamental para o bom funcionamento da OMC.

Ao contrário da estrutura do GATT, onde somente dois artigos (XXII e XXIII) regulavam os procedimentos de disputas comerciais, a OMC conta com um órgão especialmente criado para tratar so-

---

[20] Os comentários acerca do entendimento sobre regras e procedimentos sobre solução de controvérsias foram elaborados baseados na Exposição de Motivos do Ministério das Relações Exteriores ao Presidente da República em fevereiro de 1994.

bre o solução da controvérsias – Dispute Settlement Body (DSB) – descrito no Acordo detalhadamente (27 seções, num total de 143 parágrafos, mais quatro apêndices). Somente este órgão terá autoridade para criar painéis, manter o acompanhamento da implementação das regras do Acordo e autorizar a imposição de medidas de retaliação em caso de não-cumprimento das suas recomendações. Trata-se de um significativo avanço em relação ao anterior GATT, cujo sistema de solução de controvérsias encontrava-se demasiadamente fragmentado.

O Entendimento sobre Regras e Procedimentos de Solução de Controvérsias – Dispute Settlement Understanding (DSU)[21] – aperfeiçoa e reforça os mecanismos existentes no GATT, já revistos na reunião parcial dos resultados da Rodada Uruguai (Montreal, dezembro de 1988). Aplica-se aos contenciosos surgidos à raiz dos Acordos sobre a OMC, Acordo sobre o Comércio de Bens, Acordo Geral sobre o Comércio de Serviços, Acordo sobre TRIPS, Entendimento sobre Regras e Procedimentos de Solução de Controvérsias, Acordos sobre Aeronaves Civis, Acordo sobre Compras Governamentais, Arranjo sobre Produtos Lácteos, Arranjos sobre Carne Bovina. Para administrar a aplicação de suas regras e procedimentos, o DSU cria na OMC, em base permanente, um órgão de Solução de Controvérsias, o DSB.

Conforme especifica, o novo sistema de Solução de Controvérsias é elemento vital para a segurança e previsibilidade do sistema multilateral de comércio (artigo 2.3 do Anexo II do Acordo de Marraqueche), pois seu objetivo é o de preservar os direitos e obri-

---

[21] O DSU está contido no Anexo II do Acordo de Marraqueche.

gações decorrentes dos Acordos cobertos pelo Entendimento e também o de dar maior clareza ao disposto nesses Acordos, conforme as regras habituais de interpretação do Direito Internacional. O mecanismo visará sempre a uma solução opositiva para os contenciosos, embora o próprio Entendimento ressalve que, em todos os casos e em qualquer instância da controvérsia, será sempre preferível solução mutuamente acordada, compatível com os Acordos da OMC. As normas do DSU só se aplicarão aos pedidos de consulta apresentados após a entrada em vigor do Acordo; às consultas anteriormente solicitadas, aplicar-se-ão o sistema GATT 1947 e respectivos Códigos ou Acordos.

O mecanismo de Solução de Controvérsias é formalmente acionado mediante pedido de consultas, devidamente notificado ao DSB. A parte à qual se solicitam consultas tem dez dias, contados da data de apresentação do pedido, para responder; se não houver resposta nesse período ou se as consultas não se iniciarem dentro dos 30 dias subseqüentes, a parte poderá solicitar que o processo passe para a fase seguinte, a do grupo especial. No caso de consultas malogradas ou não concluídas nos 60 dias seguintes ao pedido, o demandante poderá pedir o estabelecimento de grupo especial. O DSU põe à disposição das partes procedimentos voluntários de solução de controvérsias – bons ofícios, conciliação e mediação – que podem ser acionados em qualquer estágio e igualmente encerradas em qualquer fase do litígio. Uma vez declarado encerrado o procedimento, a parte reclamante poderá pedir a constituição de grupo especial. Mediante acordo mútuo, bons ofícios, conciliação e mediação poderão ter continuidade durante o grupo especial.

Esses grupos especiais (*panels*) serão estabelecidos pelo DSB, na seção subseqüente à da apresentação do pedido. O DSU estabelece os termos de referência-padrão a serem aplicados, a menos que as partes acordem diferentemente nos 20 dias seguintes à constituição do grupo especial. O grupo de peritos será composto por três membros ou, excepcionalmente, de cinco, que participarão a título pessoal e com absoluta independência. Dele não poderá participar perito de país envolvido no contencioso, diretamente ou como terceira parte. O secretariado manterá relação indicativa de peritos que atendam aos requisitos de participação nos grupos especiais. Na hipótese de não haver acordo entre as partes, o DSU atribui ao Diretor-Geral da OMC competência para, em consulta com o Presidente do Comitê ou Conselho pertinente, indicar os membros do Grupo.

Os procedimentos dos grupos especiais são pormenorizadamente descritos no Acordo e detalhados no apêndice pertinente. Assim, o cronograma de trabalho do grupo será definido na semana seguinte à decisão de sua composição e termos de referência. O relatório final deverá ser apresentado em não mais de seis meses e, nos casos de urgência, tratando-se de produtos perecíveis, em não mais de três meses. Por iniciativa da parte demandante, as atividades de um grupo especial poderão ser suspensas por um período máximo de 12 meses que, ultrapassado, acarreta caducidade do mandato conferido ao grupo; na hipótese de suspensão, os demais prazos previstos no Acordo serão objeto de conseqüente extensão. Os relatórios deverão ser examinados pelo DSB com vistas à sua adoção 20 dias após a comunicação aos Membros. O DSB terá, então, prazo de até 60 dias contados da comunicação aos Membros para adotá-lo, a menos que por consenso resolva não fazê-lo ou que uma das partes notifique a intenção de entrar com apelação.

A criação de um Órgão de Apelação permanente é importante inovação do mecanismo aprovado na Rodada Uruguai. O Órgão de Apelação será composto por sete membros, designados pelo DSB. Três serão indicados especificamente para o contencioso objeto do Grupo especial, com mandato de dois anos; os demais, de quatro anos, renováveis por um único período. A apelação se limitará às questões de Direito cobertas no relatório dos peritos e à interpretação jurídica do grupo especial. Em princípio, o Órgão de Apelação deverá proferir sua decisão dentro de 60 dias, contados da data de notificação da intenção de recurso. Em circunstâncias excepcionais, a decisão do Órgão de Apelação poderá ser proferida em 80 dias, no máximo. O relatório final será adotado pelo DSB e aceito sem condições pelas partes nos 30 dias seguintes à sua comunicação aos Membros, a menos que o DSB resolva por consenso não adotá-lo. O prazo entre a constituição de um grupo especial e o exame do relatório – do grupo especial ou do Órgão de Apelação – pelo DSB não deverá ultrapassar nove meses, se não tiver havido apelação; ou doze meses, no caso de apelação.

Uma vez adotado o relatório de grupo especial ou Órgão de Apelação, a parte em falta deverá informar ao DSB de suas intenções quanto à sua implementação, em reunião que se realizará nos 30 dias seguintes à referida adoção. Se materialmente impossível conformar-se de pronto às decisões e recomendações, a parte interessada poderá negociar, nos termos do Acordo, prazo razoável para fazê-lo. Esse prazo poderá ser definido a partir de (a) pro-

54

posta da parte interessada, com a aprovação do DSB; ou de (b) acordo entre as partes litigantes nos 45 dias seguintes à adoção do relatório; ou (c) determinado por arbitragem nos 90 dias seguintes à adoção do relatório, esclarecendo o DSB que esse prazo arbitrado não poderá ultrapassar os 15 meses na adoção do relatório. O DSB supervisionará a implementação das recomendações ou decisões dos grupos especiais ou Órgão de Apelação.

No caso de não-implementação no prazo dito razoável, cabe recurso à compensação e suspensão temporária de concessões ou de outras obrigações. A compensação será definida em função de negociações entre as partes interessadas. Caso essas negociações não se concluam nos 20 dias seguintes à expiração do prazo razoável, a parte prejudicada poderá pedir ao DSB a suspensão de concessões ou de outras obrigações para com a parte em falta. O DSB deverá pronunciar-se a respeito nos 30 dias contados da expiração do prazo razoável. Eventuais divergências quanto ao nível da suspensão deverão ser referidas a julgamento arbitral que deverá ocorrer nos 60 dias a partir da expiração do prazo razoável. A suspensão de concessões se dará, em princípio, no mesmo setor ou setores em que o grupo especial ou Órgão de Apelação identificou a violação, anulação ou redução de vantagens. Entretanto, caso a suspensão no mesmo setor se verificar materialmente impossível ou ineficaz, o DSB pode autorizar a chamada retaliação cruzada. Essas retaliações se darão, primeiro, em outros setores cobertos pelo mesmo Acordo; em caso extremo, quando as circunstâncias forem suficientemente graves, em setores cobertos por outro acordo. A parte prejudicada terá então de indicar ao DSB as razões pelas quais pede a suspensão de concessões, para comunicação aos conselhos ou órgãos setoriais competentes.

A relevância do Acordo para o sistema multilateral de comércio é reiterada em seção especificamente intitulada "Reforço do Sistema Multilateral" dispondo que os membros não deverão decidir unilateralmente se houve violação de obrigação, anulação ou redução de vantagem decorrente dos Acordos cobertos pelo Entendimento e, em conseqüência, determinar sanções unilaterais. Os membros do Acordo se comprometem a conformar-se às regras e procedimentos do Entendimento. O DSU incorpora, ainda, disposições sobre a situação especial dos países menos desenvolvidos e também regras especiais sobre a solução de controvérsias que não envolvam violação de obrigações dos Acordos cobertos pelo Entendimento mas que, não obstante, configurem situação em que um membro julgue que suas vantagens ou benefícios estão sendo anulados ou prejudicados.

Completam o Entendimento quatro apêndices: o primeiro, com relação aos Acordos cobertos; o segundo, com a identificação de regras e procedimentos específicos de solução de controvérsias, constantes desses Acordos; o terceiro, sobre os procedimentos de trabalho, inclusive cronograma; e o quarto, a respeito dos grupos consultivos de peritos.

Em relação ao novo sistema de solução de controvérsias a ser aplicado no âmbito da OMC, pode-se citar a feliz constatação de Lowenfeld (1994, p. 488):

"Em tempo algum acreditei que um direito sem remédio nunca é um direito. Mas não resta dúvida que quanto mais próximo um sistema jurídico chega de conquistar seus próprios remédios para a cura de suas leis, mais forte são os direitos conferidos por ele mesmo. O Entendimento a respeito do sistema de solução de controvérsias e a criação da OMC não foram ainda plenamente testados, mas parecem indicar largos passos na direção correta."

6. Das regras antidumping

Na análise do fenômeno *dumping*, que pode ser entendido como prática de Comércio desleal, fazem-se inicialmente ponderações acerca de aspectos históricos, buscando as origens da legislação, natureza jurídica, propósito, implicações econômicas, bem como sua aplicação em alguns países com base no direito comparado.

Para que se possa entender a complexidade deste fenômeno de deslealdade comercial à luz dos Acordos GATT/OMC, é de fundamental importância discorrer sobre o fluxo de informações e das etapas que sucedem à aplicação dos direitos *antidumping*. Conclui-se, analisando a real contribuição desta legislação para o comércio internacional e as perspectivas face ao novo mapa do comércio internacional.

Não cabe aqui a defesa ou o ataque à legislação *antidumping*. O objetivo deste estudo é destacar seus principais elementos. Certamente este é um terreno novo, pouco explorado pelo mundo acadêmico brasileiro, não pela sua inutilidade, mas em função das características da economia do país até então.

6.1 ASPECTOS HISTÓRICOS DA POLÍTICA *ANTIDUMPING*

Sistemas de defesa dos mercados contra práticas desleais de comércio existem desde o início do século. No entanto, sua aplicação e prática têm sofrido modificações ao longo do tempo, diante das mudanças ocorridas no cenário do comércio internacional e do acirramento da concorrência a nível mundial.

Jacob Viner, o primeiro pesquisador sobre *dumping*, relata que já no século XVI, industriais ingleses reclamavam da penetração de papel a preços prejudiciais à indústria de celulose que nascia na Inglaterra[22].

Muito embora desde o início do século XX as tarifas significassem, para a maioria dos países, o principal instrumento para controlar importações e proteger mercados, o crescimento da aplicação de medidas não-tarifárias *antidumping* cresceu significativamente ao longo da história.

Nos Estados Unidos, o início da legislação *antidumping* deu-se como uma extensão da legislação Antitruste. Entretanto, estas leis não proporcionavam a finalidade desejada pela classe política norte-americana da época – restrição de importações – de sorte que pressões para a criação de leis específicas eram uma realidade constante. As várias fases de evolução da legislação *antidumping* norte-americana demonstram claramente o quanto difere esta das leis Antitruste – uma vez que *antidumping* tornou-se um precioso instrumento para regular importações (Finger, 1993).

---

[22] Viner, Jacob. *Dumping: a problem in international trade*. New York: Kelley, 1966 *apud* Finger (1993).

A diferenciação mais significativa no que diz respeito ao vínculo entre as leis Antitruste e *antidumping* norte-americanas foi o elemento do "prejuízo em função das importações" – *injury from imports*. O primeiro estatuto *antidumping* norte-americano (*Antidumping* Act, de 1916) eliminou a necessidade de se configurar a conspiração ou combinação entre vendedores organizados para atingir um fim em comum – descaracterizando assim a analogia utilizada em casos de *antidumping* com disposições Antitruste. À luz do *Antidumping* Act, de 1916, a materialidade do *dumping* passa a ocorrer com a simples venda de um produto importado abaixo do valor de mercado deste mesmo bem. Ainda que o Estatuto de 1916 contemple o fato de práticas de preços desleais danosas à concorrência, o mesmo diploma legal criou ainda um segundo e aparente fácil instrumento de prova – a *intenção* de causar dano à indústria norte-americana.

A polêmica sobre a inserção ou não do termo "intenção de causar dano" ocupa espaço há muitos anos nas discussões acerca do tema. O próprio Estatuto *antidumping* norte-americano de 1921, que alterou o anterior de 1916, retirou o termo "intenção de causar dano", pois ao contrário do que se pensava, a dificuldade de comprovação prática foi enorme. O estatuto de 1921 inovou quando deu ao processo de apuração de direitos *antidumping* um caráter mais administrativo do que jurídico. No que tange à flexibilidade de interpretação, as indústrias que buscavam proteção via *antidumping* foram muito beneficiadas. Não se duvidou em nenhum momento do aumento da abrangência da legislação *antidumping*, caso o estatuto fosse de caráter eminentemente administrativo. Assim, muito maior foi o número de ações *antidumping* que se iniciaram vis-à-vis às facilidades administrativas postas à disposição dos reclamantes, cujo objetivo era basicamente regular a onda de importações.

É importante salientar a preocupação dos governantes da época com a balança comercial, fato atualmente preocupante na medida em que países abrem substancialmente suas economias para o mundo, sem constituírem reservas suficientes para custear estas importações.

"A legislação *antidumping* australiana deixou explícito que meios jurídicos estavam cedendo espaço para uma interpretação administrativa. Quando um determinado caso chegasse na Alta Corte australiana, a lei *antidumping* de 1906 estabelecia que os procedimentos deveriam ser informais e não sujeitos às regras gerais de jurisprudência."[23]

6.2 O INÍCIO DA UTILIZAÇÃO DA LEGISLAÇÃO *ANTIDUMPING*

A aprovação da legislação *antidumping* não significou sua imediata adoção como principal instrumento da regulação de importações. Nos Estados Unidos, por exemplo, as tarifas continuaram a ser o instrumento predominante. Já na Austrália, África do Sul e especialmente no Canadá, ações *antidumping* tomaram um forte impulso desde suas respectivas aprovações, tornando-se importante instrumento de controle do comércio internacional. Emendas à legislação *antidumping* do Canadá, adotadas em 1921 e

---

[23] Viner, Jacob. *Dumping: a problem in international trade*. New York: Kelley, 1966 *apud* Finger (1993, p. 209).

1930, deram ainda maior flexibilidade de interpretação vastamente explorada. Dentre os elementos presentes naquelas leis, ressalta-se o fato de o Ministro responsável pela aduana no Canadá gozar de poder praticamente ilimitado para fixar os preços dos produtos exportados para aquele país. Sua decisão era a última instância nas investigações de definição do *valor normal de mercado*[24].

6.3. AS REGRAS *ANTIDUMPING* NA ATUALIDADE

Muito embora o Entendimento na implementação do artigo VI do GATT 1994, que faz parte do Acordo que cria a OMC, fruto da Rodada Uruguai, seja atualmente o balizador, ou "parâmetro" em matéria de legislação *antidumping*, infelizmente não se podem fazer comentários acerca do novo "Código *antidumping*" com base em casos concretos[25].

A exemplo de vários outros assuntos tratados pelo GATT, *antidumping* também seguiu uma evolução natural, tornando-se produto destas negociações multilaterais. Cabe salientar que diante das várias Rodadas do GATT, onde os países reuniam-se para discutir política comercial e redução de tarifas, a Rodada que precedeu à do Uruguai foi a de Tóquio (1973-1979), onde se Acordou a respeito da implementação do artigo VI do GATT – o chamado Código *antidumping*, que entrou em vigor em 1º de

---

[24] Elemento fundamental na definição de existência ou não de *dumping* – este termo é explorado nos capítulos seguintes.

[25] Inexiste, até o momento, no Brasil, jurisprudência relacionada com o novo Código *antidumping*.

janeiro de 1980 – para os países que inicialmente o aprovaram.

Na Rodada de Tóquio, discutiu-se e aprimorou-se o Código *antidumping* original do GATT, alcançado na Rodada Kennedy (1964-1967). Aquele documento interpretou as provisões contidas no artigo VI do GATT com relação a *antidumping*, descrevendo regras de aplicação destas provisões de forma a assegurar a maior uniformidade na interpretação e prática dos governos signatários do Acordo. O Código entrou em vigor em 1º de julho de 1968.

O Código revisado na Rodada de Tóquio traz várias provisões já acordadas no Código original da Rodada Kennedy, ou seja, a evolução de um Acordo para o outro não exclui de forma alguma o disposto anteriormente – trata-se eminentemente de uma evolução a respeito da aplicação e interpretação das disposições sobre *antidumping*. Os países membros do GATT, nestas Rodadas de negociações comerciais visavam, em última análise, ao aprimoramento da norma, sem contudo excluir os avanços de negociações anteriores. Com certeza os dispositivos conflitantes eram negociados sem perder-se de vista os interesses particulares de cada membro.

6.4 O FUNDAMENTO DA LEGISLAÇÃO *ANTIDUMPING*

Passa-se à análise da verdadeira intenção da legislação *antidumping*. Cabe desde já salientar que esta lei não mais é vista como forma de protecionismo descabido, desde que seja aplicada do modo como foi concebida no âmbito do GATT. Evidentemente existem inúmeros casos registrados onde a discricionariedade imperou na interpretação das normas, resultando em medidas protecionistas contrárias ao livre comércio[26]. A forma com que esta lei é administrada pelas autoridades competentes de cada país tem papel fundamental no resultado final – que poderá ser um estímulo ou um obstáculo ao crescimento do comércio internacional.

De uma maneira geral, *dumping* refere-se à discriminação de preços entre mercados, como, por exemplo, a venda de certo produto no mercado norte-americano por preço mais baixo do que o praticado no mercado doméstico do país exportador. Nestas circunstâncias, produtores norte-americanos encontrar-se-iam em desvantagem, pois os preços de suas mercadorias estariam sendo artificialmente reduzidos. A legislação busca fazer desaparecer este prejuízo, mediante a imposição de direitos *antidumping*.

Dumping manda sinais falsos ao mercado (Garten, 1994). Enquanto um mercado livre gera riqueza e aumenta o padrão de vida das pessoas, *dumping* faz com que recursos sejam deslocados de forma incorreta, proporcionando redução de investimentos no país em que ocorre. Esta prática desleal atua como fator inibitório de investimentos no mercado vítima de *dumping*. O quadro torna-se realidade em função de algumas distorções do mercado como economias fechadas, práticas anticompetitivas e subsídios governamentais – cuja influência na decisão dos investidores é enorme, pois investidor algum

---

[26] Autores como J. K. M. Tharakan e J. Waelbroeck argumentam o caráter elástico da interpretação das normas *antidumping* – o que evidentemente pode levar à discricionariedade por parte do órgão competente responsável pela aplicação da norma.

pretende arriscar-se em uma situação irreal e de retorno excessivamente duvidoso.

Em países desenvolvidos, a legislação *antidumping* lida com razoável agilidade os vários efeitos causados pela prática de *dumping*, uma vez que se vive atualmente num mundo de rápidas mudanças e com significativas alterações tecnológicas que podem alterar de forma radical o perfil de importação de um país. Os danos de uma penetração de produtos importados podem arruinar uma indústria em poucos meses, caso esta esteja sendo vítima de *dumping*. Esta realidade é ainda mais presente em setores como o de alta tecnologia, onde o ciclo de vida do produto é tão pequeno que nem chega a atingir economias de escala suficientes, pois a próxima geração já está na linha de produção. A aplicação de direitos *antidumping* fomenta um mercado e, ao contrário do que muitos defendem, a legislação em si não busca a proteção de segmentos estratégicos com proteção à ineficiência de empresas domésticas. Se um produtor estrangeiro vende, por exemplo, para os Estados Unidos, por um preço não abaixo do que vende em seu mercado doméstico, nem abaixo dos seus custos de produção, não se pode falar em *dumping*. Entretanto, se um fabricante estrangeiro pratica *dumping* e por meio deste causa prejuízo à indústria norte-americana, existem as leis *antidumping* para corrigir esta distorção (Garten, 1994). Entretanto, no cenário mundial, de competição cada vez mais acirrada, não se compete só em preço, mas em serviço, qualidade e atendimento, o que torna a aplicação da legislação *antidumping* ainda mais crítica.

Os países hoje signatários da OMC enfrentam *dumping* como um problema real que distorce os mecanismos da livre concorrência, entendendo que a única solução imediata para este problema é a aplicação da legislação *antidumping*. Estas medidas, como tais, foram criadas pelo antigo GATT, e sua utilização é mais facilmente aceita no âmbito internacional, posto que, em princípio, carecem de caráter protecionista. A liberalização do comércio impõe a instituição de uma regulamentação que permita combater eficazmente as práticas de concorrência desleal (Jimenez, 1992).

Comparada com outros mecanismos de controle de práticas comerciais como salvaguardas, medidas compensatórias, seção 301 dos Estados Unidos e as novas políticas comerciais da UE, o processo e as condições em que se dá a imposição de medidas *antidumping* são bastante detalhados e oferecem remédio legal transparente para indústrias prejudicadas por importações com *dumping*. Isso parece explicar o crescimento das ações *antidumping* em todo o mundo (Jackson, 1989).

6.5. DA UNIFORMIZAÇÃO DE PROCEDIMENTOS

Considerando as dificuldades presentes em um cenário de freqüentes mudanças na legislação interna dos países que adotam medidas *antidumping*, face ao novo cenário internacional que evidencia a globalização dos mercados e a liberalização do comércio internacional, uma análise comparativa entre a lei norte-americana e a européia auxilia a compreensão do sistema como um todo. Embora as leis domésticas sejam sempre calcadas nas normas da OMC relativas à matéria – Acordo de Implementação do artigo VI do GATT/1994 ou seja o Código *antidumping* – na prática, sua implementação segue procedimentos diferentes nos diversos países ou mercados, com resultados obviamente distintos (Legislação, 1993). Tal situação é decorrente de as regulamentações dos Acordos internacionais serem diferentes em certos pontos, de forma a dar aplicabilidade diante do caso concreto.

Não há transparência suficiente na implementação da legislação capaz de promover sua própria aplicação; sendo assim, certos órgãos administrativos nacionais conseguem levar a cabo algumas arbitrariedades. Ademais, as metodologias utilizadas contêm, em alguns casos, dispositivos que não são totalmente condizentes com as normas do GATT[27]. Os Estados Unidos, por exemplo, têm se valido da "Grand-Father Clause", regra que permite a manutenção de legislação doméstica preexistente à regulamentação do Acordo Geral. Os Códigos do GATT são da década de 60, e a legislação de sobretaxas compensatórias no mercado norte-americano originou-se em 1897. Assim sendo, o que é aplicado de fato naquele mercado é seu sucessor, o Trade Act de 1947 e suas revisões (Legislação, 1993).

Diante do escopo das negociações da Rodada Uruguai, os Estados Unidos e a UE – grandes usuários deste tipo de medidas, têm procurado adequar suas práticas à legislação internacional. Certamente que com a OMC, esta busca constante de uniformização da legislação tornar-se-á ao menos mais próxima da realidade. Todos países-membros serão beneficiados com um entendimento pacífico de como e em que circunstâncias deve-se aplicar *antidumping* – firman-

---

[27] Trata-se de uma contradição que pode vir a trazer conseqüências jurídicas negativas às partes contratantes, uma vez que o Acordo internacional contém disposições conflitantes com a legislação interna do país signatário.

do jurisprudência e afastando o caráter protecionista e discricionário muitas vezes atribuído à legislação.

6.6 O SISTEMA *ANTIDUMPING* NA UNIÃO EUROPÉIA

O primeiro procedimento relativo a *antidumping* nas Comunidades Européias (CEE)/União Européia (UE) iniciou-se em 1970, e já em 1976 um total de 26 procedimentos haviam iniciado. O crescimento de ações *antidumping* na UE tem aumentado enormemente desde então. De 1977 a 1986, 376 casos foram registrados (incluindo 72 da comunidade do Carvão e do Aço). Nos anos 80, a UE processou mais de 900 casos de *antidumping* (Messerin, 1989), evidenciando desta forma um forte crescimento da utilização desta legislação. Ao contrário, outros mecanismos reguladores de comércio internacional disponíveis pela UE como antisubsídios e salvaguardas não têm sido utilizados com tanta freqüência até o momento. Uma das razões que explicam a popularidade das medidas *antidumping* é o fato de a respectiva norma possuir um caráter seletivo enorme. As medidas de salvaguarda, por exemplo, ao menos em teoria, devem ser aplicadas com base não-discriminatória para todos os países exportadores. Já as medidas *antidumping* são aplicadas contra países exportadores individualmente e mesmo contra empresas e produtos individuais situadas em países exportadores[28].

---

[28] A regulamentação da aplicação das medidas *antidumping* nas CEE/UE é prevista na EEC Regulation 2.423/88 (OJ L 209, 1988, p. 1; corr. OJ L 264, 1988, p. 58), exceto aquelas envolvendo produtos de Aço e Carvão sujeitos ao Tratado ECSC, que se encontra na Decisão 2.424/88 (OJ L 209, 1988, p. 18; corr. OJ L 273, 1988, p.19).

Acredita-se que a intenção do legislador comunitário, ao desenvolver a regulamentação das medidas *antidumping*, foi reagir contra as importações desleais que causem prejuízo à produção de artigos similares provenientes do território comunitário e de fazer desaparecer este prejuízo por meio da imposição de direitos *antidumping*.

6.6.1 Principais Elementos da Legislação *antidumping* Européia

6.6.1.1. Dumping é o primeiro elemento a ser comprovado antes das medidas *antidumping* serem impostas a produtos importados.

A regulamentação das CEE/UE adota o mesmo conceito definido pelo GATT:

"Um produto será considerado objeto de *dumping* caso seu preço de exportação para a Comunidade seja menor que o valor normal do produto similar no país de origem."[29]

Conforme salienta Jimenez (1992), a noção de *dumping*, repousa na comparação entre dois preços: o preço de exportação do produto para o território comunitário e o preço de *produto similar* no mercado de origem ou de exportação, denominado *"valor normal"*.

Os produtos objeto da comparação deverão ser similares, conceito trazido pela regulamentação européia e pela própria OMC[30]. Uma vez que a defini-

---

[29] Art. 2(2) da ECC Regulation 2.423/88.

[30] O parágrafo 12 do art. 2º da regulamentação européia define que são produtos similares os produtos idênticos, parecidos sob todos os aspectos ao produto considerado. A definição segue o Acordo da OMC.

ção de *valor normal* se encontra no preço do produto no mercado interno do país exportador, a essência do *dumping* é exatamente a discriminação de preços, ou seja, cobrar um preço menor no mercado de exportação (McGovern, 1994).

O cálculo da margem de *dumping* existente envolve a comparação entre os preços nos dois mercados. Neste momento, um período de investigação é marcado para que se possam coletar os dados necessários para fazer a comparação (geralmente entre seis meses e um ano).

Esta primeira etapa do processo de investigação e levantamento de dados caracteriza-se por ser bastante técnica e envolver apreciações de caráter muito mais matemático e econômico do que jurídico.

"A segunda etapa precede-se à realização de reajustes expressamente previstos para os dois preços, a fim de obter-se uma 'base eqüitativa de comparação'. Os elementos que afetam a comparação entre os dois preços devem ter relação direta com as vendas consideradas, e sua prova cabe à parte que os alega. Esses elementos estão essencialmente vinculados às características físicas do produto de que se trata, às condições de imposição de taxas e direitos de importação e às despesas vinculadas às vendas realizadas." (Jimenez, 1992, p. 24)

A terceira etapa consiste na determinação da *margem de dumping* propriamente dita, isto é, a diferença que separa o valor normal do preço de exportação. A determinação da margem de *dumping* é condição fundamental para a eventual aplicação das medidas *antidumping,* uma vez que constitui o limite máximo de tais medidas.

Quando a margem de *dumping* é insignificante, as autoridades comunitárias consideram que o *dum-*

ping não constitui a causa do prejuízo sofrido pela produção comunitária, não impondo as respectivas medidas *antidumping*.

6.6.1.2. Dano/Prejuízo. *Dumping* e o dano causado à indústria da comunidade são investigados pela mesma instância - Comissão responsável por ações *antidumping*, que tem competência de estabelecer direitos *antidumping* provisórios. Determinar medidas definitivas cabe unicamente ao Conselho de Ministros das CEEs, o mesmo ocorrendo com a arrecadação definitiva dos direitos provisórios (Jackson, 1989).

A legislação que regulamenta a aplicação dos direitos *antidumping* na UE (Reg. 2.423/88) não traz nenhuma fórmula matemática para determinar a existência de dano à indústria doméstica de um país. O legislador europeu apresentou uma lista de fatores que deve orientar a investigação no que tange à determinação do dano – que ao lado do *dumping*, constituem os dois elementos essenciais à imposição das medidas cabíveis contrárias ao comércio desleal. Esses fatores aqui arrolados logo abaixo não deverão ser interpretados de forma restritiva, pois novos elementos poderão surgir durante a investigação[31]. Dependendo do setor econômico em análise, os fatores poderão variar de importância e representatividade na investigação.

Produção (dentro do Mercado Comum);
- utilização da capacidade instalada;
- estoques;
- participação de mercado;

---

[31] Ver caso Canon *vs*. Counsil, caso conjunto 277/85 e 300/85, (1988) ECR 5.731 , §§ 44 e 56.

- vendas;
- preços (depressão ou supressão);
- lucros;
- retorno sobre o investimento;
- fluxo do caixa;
- nível de emprego.

Muito embora o antigo Código *antidumping* do GATT e o novo da OMC requeiram evidência de relação causal entre dano e *dumping*, a CEE não aplica um critério de comprovação forte com relação à causalidade. Comprovado via investigação da Comissão, o dano causado pelas importações aos produtores da CEE será devidamente analisado com base nos elementos descritos acima e expressamente previstos na legislação. Deve-se salientar a importância da correta determinação do prejuízo, pois o nível deste é que irá determinar o montante das medidas, tendo em conta que o objetivo das mesmas é justamente eliminar o dano causado aos produtores comunitários.

6.6.1.3. Período de referência. A critério dos investigadores. Em casos específicos, pela escolha artificial do período de referência, o resultado da investigação pode ser definido *a priori*.

6.6.1.4. Valor normal. A definição de valor normal no modelo europeu é utilizada para, em comparação com o preço de exportação, definir-se o tamanho da margem de *dumping*. A legislação européia, em sintonia com o Código *antidumping* da OMC, descreve que o *valor normal* para um produto é o preço pago no curso normal das operações de comércio do mercado exportador ou de origem.

6.6.1.5. Preço de exportação. Trata-se do preço realmente pago nas exportações do produto para a UE, líquido de taxas e descontos diretamente relacionados às vendas. Em casos de acordo entre importador e exportador, o preço considerado é o da primeira revenda de mercadoria em território europeu. Se as exportações forem efetuadas via *trading company*, o preço a ser considerado é o pago pela *trading*.

Conforme o Acordo, o disposto pela OMC e a legislação que regulamenta *antidumping* na Europa, o preço de exportação poderá ser construído em caso de aparente "acordo" entre o exportador e importador ou terceiro interessado ou ainda quando o preço de exportação não for confiável. Preços de Exportação Construídos são freqüentemente usados pela Comissão.

6.6.1.6. Cálculo da margem. As margens de *dumping* são estabelecidas com base entre a média ponderada do valor normal com os preços de cada transação de exportação.

6.6.1.7. Revisão. A revisão poderá ser iniciada pela própria Comissão ou por um estado-membro. Uma terceira parte interessada que apresente prova suficiente de alteração de circunstâncias também pode pedir a revisão.

6.6.1.8. Acesso às informações. Os advogados não têm nenhum acesso aos dados confidenciais do processo.

Tharakan (1994), analisando os procedimentos *antidumping* nas CEE/UE e nos Estados Unidos, comprovou a influência preponderante do fator político sobre o técnico na apreciação da existência de *dano/prejuízo*.

Entretanto, no que diz respeito à apuração de *dumping*, o fator político parece ter tido um peso menor nas amostras apresentadas pelo pesquisador.

6.7 O SISTEMA *ANTIDUMPING* NOS ESTADOS UNIDOS

Horlick (1989) analisa detalhadamente os principais elementos da legislação norte-americana *antidumping*. O propósito aqui, entretanto, é simplesmente desenhar alguns ensinamentos da legislação norte-americana para, em um segundo momento, entrar no mérito da lei brasileira.

6.7.1. *Dumping*

O conceito de *dumping* diante da realidade norte-americana é expresso pela Lei *antidumping* de 1930[32], em que os principais elementos estão presentes no texto da OMC. O fato de um país vender seus produtos por preço abaixo do seu *valor justo*[33] (*Less than fair value*) configura a prática de *dumping*. A materialidade ou ameaça de Dano é *conditio sine qua non* para a conseqüente imposição das medidas *antidumping*. O *valor justo* será determinado pelo preço do produto no mercado exportador de origem ou via comparação com terceiro país. Uma forma alter-

---

[32] Seção 731 da Lei *antidumping* de 1930.
[33] Nota-se que enquanto o GATT/1994 avalia os produtos pelo *valor normal*, a lei norte-americana se refere ao *valor justo* – preço igual ou menor na exportação do que no mercado doméstico.

nativa de se chegar ao *valor justo* é através do valor normal construído, que é a soma dos custos de produção, despesas gerais, frete e lucros. Utiliza-se o valor normal construído da mesma forma que na UE, pois diante do caso concreto, ou não se tem mercado para o produto no país exportador ou os dados referentes à sua estrutura de custos não são confiáveis[34].

O dano será apurado pela International Trade Commission (ITC)[35], sendo analisado separadamente do *dumping*. A constatação de *dumping* será investigada pelo Departamento de Comércio, que enviará detalhados questionários para os exportadores dos produtos objetos da investigação.

O dano diante das investigações norte-americanas será comprovado se houver:

- declínio real ou potencial da produção, nas vendas, perda de mercado e aumento da capacidade ociosa;

- alteração nos preços de venda do mercado doméstico.

Deve-se salientar que o dano poderá ser material ou simples ameaça, sendo considerado até mesmo quando as importações tiverem retardado o estabelecimento de uma indústria[36].

A inclusão de leis e práticas anteriores chamadas de *Grand-Father Laws* são utilizadas por advogados norte-americanos quando necessitam comprovar prá-

---

[34] Alguns países de economia planificada não operam com métodos contábeis equivalentes aos de países de economia de mercado, dificultando enormemente as investigações.

[35] O Congresso norte-americano delegou a administração da legislação *antidumping* para dois órgãos: ITC e Departamento de Comércio.

[36] A prova da ameaça de dano será muito mais difícil de ser feita, pois não se faz presente a materialidade dos prejuízos causados à indústria doméstica oriundos da prática de *dumping*.

tica anterior, ou seja, a demanda decorre à luz de normas existentes previamente nos Estados Unidos, não podendo a nova lei alterar dispositivos já incorporados no seu direito consuetudinário. Trata-se de questão complexa que pode suscitar incertezas diante do caso concreto, uma vez que legislação de base norteadora do processo deverá ser o Código *antidumping* da OMC.

O sistema norte-americano envolve grande contingente de pessoal, em dois escritórios distintos: o ITC e o Departamento de Comércio. Isso lhes dá condições de investigar os casos com recursos necessários para realizar uma investigação minuciosa com auxílio de pessoal devidamente treinado com base em critérios técnicos. Entretanto, os problemas de relacionamento entre estes dois órgãos são decorrentes de uma estrutura cara para o governo e para aqueles que devem arcar com os custos pesados dos honorários dos consultores legais.

6.7.2. Fluxograma do processo *antidumping* Norte-Americano

A seguir é apresentado o fluxo das etapas que se sucedem no processo de investigação *antidumping* nos Estados Unidos.

Dia	Etapa
0	Entrada da petição
20	Decisão de iniciar as investigações
45	Decisão preliminar de dano pelo ITC[37]
160	Decisão preliminar do *International Trade Administration* (ITA)[38]
235	Decisão final do ITA
280	Decisão final de existência de dano pelo ITC[39]
287	Revisão administrativa

---

[37] Se a determinação for no sentido negativo com relação à existência de dano, a investigação é extinta.

[38] Órgão do Departamento de Comércio dos EUA.

[39] Uma investigação normal não sofre interrupções, sendo a decisão preliminar do ITA afirmativa. Diante de algumas circunstâncias, as decisões preliminares e finais poderão ser adiadas por 50 e 60 dias.

7. $\mathcal{P}$erspectivas econômicas do sistema antidumping

Pode-se definir conceitualmente as conseqüências econômicas resultantes da prática de *dumping* como presentes somente em relações comerciais internacionais. Tal prática, portanto, é impossível entre empresas de um mesmo país.

Percebida a complexidade das relações comerciais que envolvem a prática desleal de comércio no âmbito do mercado internacional, pode-se chegar à conclusão de que *antidumping* não é apenas um tema técnico restrito a advogados especialistas. Na verdade, trata-se de decisão de política econômica em que a intervenção do Estado busca corrigir as distorções do mercado em sintonia com o disposto no Acordo da OMC. A constante alteração do quadro de balanças comerciais dos países em desenvolvimento tem influenciado a política de comércio exterior. Na realidade dos países de economia emergente, altos *deficits* comerciais são sintomas extremamente preocupantes, de sorte que a elevação das alíquotas do imposto de importação serve não só de instrumento de proteção à indústria nacional, como também na forma de conter as distorções da balança comercial.

Procedida a opção pela abertura de mercado, muitas vezes motivada pelo Acordo do GATT[40], a questão *dumping* alcança relevos de notória importância. Sob o aspecto macroeconômico, pesquisadores de formação liberal como Deardorff (1989), da Universidade de Michigan, declaram que o fenômeno *dumping* é bastante propenso a ocorrer quando a empresa é a única, ou uma das únicas vendedoras daquele produto no seu mercado doméstico, sendo ainda protegida por barreiras naturais ou artificiais de comércio[41]. Diante destas circunstâncias, a empresa cobra um preço maior no mercado interno do que na exportação – comete então *dumping* quando exporta abaixo dos preços praticados no seu mercado interno para países onde os efeitos da concorrência impedem grandes margens. É interessante ressaltar que esta prática de *dumping* é somente possível em relação a uma empresa com seu mercado doméstico protegido ou usufruindo situação de monopólio, e não por discriminação internacional de preços. Neste caso extremo, o comportamento indesejável dos fatores econômicos encontra-se no alto preço no mercado interno, e não na exportação abaixo do valor normal[42]. O exercício do monopólio ou oligopólios impera e distorce a relação *preço interno e preço de exportação*, pois o nível de concorrência é

---

[40] O GATT, na sua origem, objetivava a abertura dos mercados com a redução das barreiras alfandegárias e do protecionismo econômico.

[41] Barreiras naturais são, por exemplo, acréscimos de frete em função das distâncias a serem percorridas pelo produto. As barreiras artificiais ao comércio são os impostos de importação e/ou quotas.

[42] O valor normal diante destas circunstâncias será definido com base na estrutura de custos do produtor doméstico, não estando descartada, entretanto, a comparação com outros produtores estrangeiros.

baixo em relação a países com economias de mercado, onde a entrada de novos concorrentes é uma realidade constante[43]. *Dumping*, nestas circunstâncias, não goza de uma lógica sustentação econômica capaz de promover o crescimento do comércio internacional[44]. A adoção de uma política *antidumping* em países com elevadas barreiras tarifárias pode inclusive atuar como instrumento de alerta e contribuir para derrubar as barreiras artificiais ao livre comércio, forçando para que os preços naquele mercado tornem-se mais competitivos (Deardorff, 1989).

Um país com elevada proteção aduaneira tende a possuir preços mais altos no mercado interno, pois a redução da oferta depara-se com preços inflacionados no âmbito do mercado interno. Com efeito, a competitividade deste país protecionista, do ponto de vista da análise econômica de determinação de *dumping*, será inexoravelmente prejudicada. Toda a produção do país direcionada à exportação estaria incorrendo em prática desleal, pois na comparação de *preço de exportação* e *valor normal* no mercado exportador de origem, os preços no mercado interno estariam virtualmente mais altos, caracterizando assim a prática de *dumping*[45]. Daí a feliz constatação de

---

[43] Com relação ao grau de concorrência, deve-se atentar para o tamanho da economia do país em questão e sua própria atratividade diante de investidores internacionais, que muitas vezes optam por não investir em países com elevados riscos.

[44] A intenção do legislador internacional quando determinou que a comparação entre valor normal e preço de exportação fosse feita em bases equânimes, ou seja, sem a carga tributária de cada país sob investigação, eliminou tal linha de raciocínio.

[45] Salienta-se mais uma vez que a configuração de *dumping* não é suficiente para a imposição dos direitos *antidumping*, restando como condição *sine qua non* o nexo causal entre *dumping* e o respectivo dano à indústria doméstica.

Deardorff (1989) quando refere que uma empresa pode-se utilizar de exportações abaixo do preço de custo, tendo por sustentação econômica lógica a prática de preços altos no seu mercado doméstico, restando comprovada a prática discriminatória de preços, pois ao contrário, esta empresa estaria conduzindo seus negócios ao abismo do prejuízo.

As repercussões econômicas geradas em função da aplicação ou não da legislação *antidumping* podem variar enormemente. Alguns economistas defendem a tese de que *antidumping* nada mais é do que uma retórica do protecionismo moderno capaz de proteger indústrias ineficientes contra a competição exterior. Autores como Finger (1993) são contrários à aplicação de medidas *antidumping*, pois entendem que estas pressupõem envolvimento político dos interessados no sentido de influenciar as decisões em âmbito administrativo. Na sua obra, Finger (1993) traz uma análise interessante sobre o caráter discricionário na decisão de alguns casos específicos de *dumping* propondo, inclusive, modificações na legislação. O autor é evidentemente contrário a qualquer tipo de medida restritiva de comércio internacional, mesmo sendo esta lastreada em disposições da própria OMC. O liberalismo econômico, através da teoria das vantagens comparativas, parece não possuir fraquezas na opinião do autor que vê na normatização criada contra práticas desleais de comércio uma simples proteção à ineficiência dos fatores de produção de uma empresa.

7.1 POR QUE *DUMPING*?

Que razões levam uma empresa, diante do cenário das relações comerciais internacionais cada vez mais intensificadas pela globalização da economia, a praticar *dumping*? Por que estas empresas vendem seus produtos abaixo do custo de produção? Qual a motivação para tal prática?

Trata-se de questionamento cuja resposta deve possuir elementos mais econômicos do que jurídicos. A análise jurídica do caso deve atrelar-se à constatação da prática de *dumping* mediante investigação, por parte da autoridade competente, observando-se os preceitos determinados pela legislação de base, ou seja, a OMC e sua devida regulamentação interna.

Tendo em vista as razões que levam empresas a praticar *dumping*, pode-se citar exemplos dentre as merecedoras de maior atenção:

7.1.1. Maximização de vendas em vez de lucros

A literatura é rica quando trata da matéria. Diversos autores defendem o aumento da produção como diretriz principal de uma empresa. Mesmo que o excesso de produção promova maior oferta e conseqüente redução dos preços, vários economistas defendem o aumento de produção como instrumento de dissolução dos custos fixos e ganhos em economia de escala. Diante da realidade do comércio internacional, este excesso de produção é canalizado para a exportação, causando, evidentemente, excesso de oferta no mercado importador e conseqüente redução dos preços. Empresas com custos fixos altos exportam quando os preços de venda no exterior estão cobrindo seus custos variáveis e parte dos fixos, pois os custos fixos estarão presentes independentemente do negócio. A prática de *dumping* pode existir em tais situações, ou seja, o excesso de oferta causado pela maximização das vendas retrai os preços, tornando as empresas exportadoras passíveis de sofrerem medidas *antidumping*.

7.1.2. Competição predadora

Uma das razões de caráter intrínseco da prática de *dumping* é a eliminação da concorrência do fabricante de produto similar. O princípio é o mesmo da competição predadora no âmbito do mercado doméstico. Uma empresa com práticas comerciais agressivas, visando a conquistar aquele segmento de mercado, vende seus produtos por preços extremamente baixos, pretendendo em curto espaço de tempo aniquilar os concorrentes, ficando em última instância sozinha no mercado. Em um segundo momento, já gozando de situação privilegiada, sobe os preços e atinge lucros decorrentes de uma atividade sem concorrentes.

Cabe salientar as dificuldades práticas de, não só expulsar a concorrência do mercado, mas também de mantê-la fora. A experiência impírica tem demonstrado que preços altos no mercado é uma das melhores formas de atrair novos concorrentes.

7.1.3. *Dumping* estratégico

Esta motivação à prática de *dumping* dá-se em setores em que a tecnologia se move muito rapidamente, e os custos de produção são reduzidos com o tempo, através da curva de aprendizado (*learning curve*), que é simplesmente a descrição das reduções de custo alcançadas por uma empresa com o tempo. Conforme Pearson[46], em empresas produtoras de *chips* para computador, onde a velocidade das mudanças faz a próxima geração de produtos mais barata e melhor, pode-se perceber a prática de *dumping* estratégico mais facilmente.

7.1.4. *Dumping* estrutural

Dado o cenário mundial em que certos mercados estão inseridos, excesso de oferta de produto motiva a exportação por preços mais baixos do que os praticados no mercado interno do exportador. O setores petroquímico e siderúrgico são os mais problemáticos, pois nota-se excesso de oferta no mercado interno e uma conseqüente redução nos preços. Atualmente os estoques mundiais destes produtos são tão grandes que a existência de *dumping* torna-se uma realidade decorrente da estrutura dos mercados em análise.Embora a legislação não faça comentários sobre a estrutura dos mercados em análise, os custos de transação são fatores que deverão estar sempre presentes na investigação.

7.1.5. *Dumping* social

Diante da preocupação com temas decorrentes das negociações multilaterais da Rodada Uruguai,

---

[46] Pearson, Charles. *Palestra proferida no Brasil*. São Paulo: IL, 14 jun. 1994. Texto não publicado.

dumping Social é indiscutivelmente um ponto que se encontra no contexto da agenda internacional. A mídia tem-se debruçado neste tema, sem contudo definir sua verdadeira implicação no mundo das relações comerciais internacionais.

Diferenças de remuneração e de direitos trabalhistas fazem parte do núcleo que contempla a definição do termo. O encaminhamento do assunto pelos países desenvolvidos, notadamente os Estados Unidos e a UE, articula, num contexto interno de preocupação com o desemprego, a relação entre comércio internacional e custos de mão-de-obra (Lafer, 1994).

Em análise microeconômica, o custo de mão-de-obra integra o custo final dos produtos a serem vendidos no mercado. Os custos decorrentes da mão-de-obra utilizada pelos países em desenvolvimento é mais baixo, estando aí presente uma vantagem comparativa em relação aos países economicamente desenvolvidos. Entretanto, não se pode perder de vista que a vantagem existente em um custo mais baixo de mão-de-obra será invariavelmente compensada pela baixa produtividade desta em relação à mão-de-obra européia ou norte-americana. Certamente que as alegações de emprego de mão-de-obra escrava, forçada, infantil e mal remunerada são improcedentes no Brasil que através de seu ordenamento jurídico, assegura o direito de greve; proíbe o trabalho forçado; impede o trabalho infantil e delimita a carga horária; diferencia as horas extras das horas normais; estipula férias e tem mecanismos de seguridade social. A essa observação cabe acrescentar que os salários e as condições de trabalho variam muito, restando impossível a eqüalização desses fatores no âmbito da OMC. A UE parece ignorar os esforços feitos pela Organização

Internacional do Trabalho (OIT) diante da tentativa de uniformização da relação capital-trabalho, quando coloca em pauta o complexo tema da exploração de mão-de-obra no âmbito da OMC. Entende-se que embora o assunto seja relevante, não pode ser objeto de apreciação por parte da OMC, mas ficar restrito à competência exclusiva da OIT.

Quando teve oportunidade de manifestar-se a respeito, o Brasil posicionou-se no sentido de evitar apresentar tal tema à OMC, pois se levado adiante, traria a exportação do desemprego dos países ricos para os pobres, impondo a estes um encargo social que não têm condições de suportar. Além disto, não lida, na sua formulação, com a relação intrínseca entre livre comércio e imigração e, finalmente geraria, se implementado, um "protecionismo global" ao abrir as portas para as exportações de bens de tecnologia avançada dos países desenvolvidos, fechando-as para as exportações competitivas dos países em desenvolvimento.

7.1.6. *Dumping* ecológico

Bastante utilizado pelos europeus, o *Dumping* Ecológico diz respeito ao uso de materiais não-recicláveis, oriundos de fontes naturais não-renováveis. Atrelado ao *Dumping* Ecológico, há o *selo verde*, cuja função nada mais é do que certificar determinada empresa de que as normas de controle ambiental estão sendo plenamente atendidas. A empresa que exporta seus produtos deve estar invariavelmente em dia com as obrigações ecológicas, sob pena de incorrer em sanções fruto do protecionismo disfarçado por parte de seus clientes europeus. Na área florestal, sabidamente as exportações de móveis feitos com certos tipos de madeira têm sido motivo de proibição diante da discricionariedade por parte das autoridades européias. Entretanto, os europeus ignoram o fato de que alguns países utilizam madeira plantada especialmente para fins industriais, devendo, portanto, reavaliar seus critérios de análise, pois tais políticas prejudicam o livre comércio e constituem barreiras indesejáveis a países economicamente competitivos neste mercado.

7.2. NÚMEROS *ANTIDUMPING*

Vistas como formas politicamente conveniente de "remédio" para questões comerciais, medidas *antidumping* proliferaram ao longo da década de 80. Segundo dados do GATT, no período entre 1º de julho de 1992 e 30 de junho de 1993, ocorreu um total de 245 investigações, contra 237 investigações no período anterior (GATT activities 1993, 1993).

Os últimos números do Departamento Técnico de Tarifas (DTT) confirmam a tendência de crescimento das ações *antidumping* face à abertura econômica. De 1989 a 1990, havia uma média de dois processos por ano envolvendo direitos *antidumping*, ou seja, praticamente nada. Em 1991, foram abertas sete investigações e em1992 o número saltou para 37 petições analisadas. A posição dos processos Antidumping e anti-subsídios abertos no Brasil até julho de 1995 segue em quadro na página seguinte, elaborado pela CNI.

Processos Antidumping e Anti-subsídios abertos no Brasil
Registro por regiões e setores
posição em julho/95

Regiões	Produtos Químicos	Plástico & Borracha	Metais	Têxtil	Agro-indústria	Diversos[1]	TOTAL
NAFTA	9	4	3	1	2	2	21
EUROPA	3	1	1	-	2	-	7
LESTE EURO-PEU	5	-	10	-	-	2	17
ÁSIA	1	1	1	4	9	5	21
MERCOSUL	-	-	-	-	-	3	3
ÁFRICA	-	-	1	-	2	-	3
TOTAL	18	6	16	5	15	12	72

[1] Compreende os seguintes produtos: cimento Portland, fraldas descartáveis, tubos para coleta de sangue a vácuo, lápis, correntes e motosserra, ventiladores, cadeados, roda e corrente para bicicleta.

[2] Duração média do processo é de 11 meses e 10 dias.

Nos Estados Unidos, o número de medidas *anti-dumping* e Compensatórias em vigor aumentou de, respectivamente, 204 e 70 em junho de 1991, para 268 e 86 em junho de 1993, elevando a participação das importações sujeitas a tais medidas de 0,2% para 0,9% entre 1988 e 1992.

8. *Harassment effect:* efeito causador de dano[47]

Os efeitos da imposição de Direitos *antidumping* provisórios ou definitivos contra exportações de uma empresa podem ter repercussões bastante negativas nos seus negócios futuros. Trata-se do que os doutrinadores norte-americanos chamam de "efeito causador de dano", ou seja, os efeitos negativos causados pela imposição ou até mesmo pela investigação da possibilidade de incorrer-se na prática de *dumping*.

Uma empresa com operações comerciais no mercado internacional mantém freqüentemente preocupação com a imagem perante sua carteira de clientes. Uma investigação de prática de *dumping* pode causar expectativas negativas com relação à sua política de preços, resultando em prejuízos por cancelamento de pedidos e descrédito perante o público-alvo. Desta forma, o "efeito causador de dano" traz conseqüências negativas ao meio da empresa investigada, pois sabe-se que os atos decorrentes da abertura e conclusão das investigações são de natu-

---

[47] *Harassment effect* pode ser traduzido para o português como "efeito causador de danos".

reza pública e de publicação obrigatória no Diário Oficial da União.

Nos Estados Unidos, freqüentemente, somente as conseqüências do "efeito causador de dano" fazem com que as empresas praticantes de *dumping* cessem tal prática, visto que as repercussões são inclusive mais fortes do que os resultados finais das investigações. Afinal, um importador sabendo que seu preço será outro quando da internação do produto no país de destino, pois existe uma investigação com reais probabilidades de culminar em direito *antidumping*, tomará precauções no sentido de evitar transações passíveis de tais riscos, buscando, assim, fontes alternativas de suprimento.A dificuldade está diante do problema da comprovação do nexo de causalidade entre a prática de *dumping* e o real dano à indústria doméstica decorrente de tal prática. Sendo também facultada a imposição de medidas preliminares (Direito Provisório), em que o legislador buscou dar proteção à indústria doméstica preliminarmente, uma vez atendidos os requisitos da peça inicial. Os elementos indispensáveis para a imposição de Direito provisório são a importação de produto abaixo do *valor normal* e indícios suficientes de *dano à indústria doméstica*. Presentes estes elementos, embora ainda não plenamente comprovado o nexo causal entre o volume das importações objeto de *dumping* e o dano causado à indústria nacional, pode-se dizer que os efeitos decorrentes da imposição do direito provisório[48] podem gerar o "efeito causador de dano" propriamente dito.

---

[48] Os direitos provisórios a que o artigo 9º da Lei 9.019, de 30 de março de 1995, faz referência não poderão vigorar por período superior a 180 dias.

Apesar de não se possuirem evidências concretas no campo jurisprudencial, muito provavelmente que os prejuízos decorrentes do "efeito causador de dano", caso não esteja caracterizada a prática de *dumping* através das investigações conduzidas pelas autoridades competentes, serão objetos de futuras indenizações com base nos prejuízos causados com a suspensão ou cancelamento de negócios realizáveis naquele período.

9. *Dumping ou subsídios*

Embora sejam assuntos tutelados no âmbito da OMC, o fluxo dos procedimentos administrativos de investigação relativos a *dumping* e Subsídios no Brasil são os mesmos[49]. Os diplomas legais que tratam da matéria no País não fazem distinção clara entre o processo de imposição de direitos *antidumping* e de Medidas Compensatórias, levando o leitor de atenção média à incapacidade de reconhecer a diferença existente entre estes dois institutos. Assim sendo, cabe aqui fazer breve análise comparativa, levantando as principais diferenças.

A Ata final que incorpora os resultados das negociações comerciais multilaterais da Rodada Uruguai, assinada em Marraqueche, dispõe sobre os temas em Acordos distintos. Não existem razões de cunho técnico para que *dumping* e Subsídios sejam sempre confundidos, uma vez que as medidas adotadas para coibir tais práticas são de natureza jurídica distinta. Se as medidas impostas face a *dumping* e Subsídios fossem as mesmas, os critérios de apura-

---

[49] Nos Estados Unidos, a *trade law* norte-americana não distingue entre investigação relativa a *dumping* e Subsídio no que diz respeito aos procedimentos de investigação, determinação de dano e as medidas impostas.

ção do dano causado à indústria doméstica seriam idênticos, contendo, desta forma, decisões com mesmo impacto no mercado (Hartigan *et al.*, 1994).

Estudo realizado por Hartigan *et al.* (1994), da Universidade de Oklahoma, com base em análise dos resultados da aplicação de Medidas *antidumping* e Compensatórias, chegou à conclusão de que práticas comerciais subsidiadas por governos são mais perigosas aos países importadores do que o *dumping* propriamente dito. O argumento dos autores se sustenta à medida que explica a força de um governo ser maior do que a de empresas privadas no momento de sustentar uma prática anticoncorrencial via preços subsidiados. Com efeito, maior ênfase deve ser dada a processos onde a participação de subsídios governamentais está presente, pois o potencial de dano material à indústria doméstica do país importador é maior do que via prática de *dumping*.

Embora os autores tenham razão quanto à superioridade da capacidade financeira de alguns governos em relação a empresas privadas, não se pode negligenciar o fato destes mesmos governos financiarem empresas privadas com taxas de juros extremamente atrativas, de sorte que a conseqüência desta ligação resulta em produtos exportados abaixo de seu valor normal, incorrendo em *dumping*. Incentivos fiscais que na verdade são subsídios a indústrias sem a menor vantagem competitiva, são práticas repudiadas pelo GATT/OMC, pois distorcem a realidade do mercado, conferindo-lhe sinais falsos. Em economias inflacionárias, a simples dilação de recolhimento de um tributo conferida através de regimes especiais proporciona à empresa exportadora verdadeira vantagem que extrapola qualquer definição de subsídios como prática desleal de comércio. Evidentemente que, do ponto de vista jurídico, a comprovação de tais práticas é extremamente difícil, pois são necessárias perícias contábeis onde os números são elementos que muitas vezes não espelham a realidade. O entendimento aqui expresso retrata a preocupação de empresas que atuam no mercado internacional, ou seja, saber se efetivamente o preço do produto importado retrata uma realidade de mercado decorrente de maior produtividade do produtor exportador ou se se trata de prática de comércio internacional desleal. O Acordos da OMC concede a faculdade legal para que o produtor nacional, que se sentir lesado com tal prática, questione-a, apresentando os efeitos decorrentes da mesma. O instrumento legal a ser utilizado para questionar tal prática – Acordo *antidumping* ou Acordo sobre Subsídios e Medidas Compensatórias – dependerá essencialmente das circunstâncias do caso concreto.

Em cumprimento ao disposto no parágrafo 5º do Acordo da OMC, a importação de um produto não poderá estar sujeita, simultaneamente, à aplicação de direito *antidumping* e de direito Compensatório, de que trata o Acordo sobre subsídios e medidas compensatórias da OMC.

10. Antidumping no Brasil

No governo Collor teve início o processo de abertura econômica de cujos benefícios o Brasil gozará indefinidamente.

Anteriormente, pouco se importava sem a anuência prévia, tornando-se o processo de importação uma burocracia totalmente desestimulante e onerosa. Os ventos de modernidade, que sopraram no País no início da década de 90, trouxeram também a intensificação da utilização das medidas *antidumping*. Até então, não se falava em práticas desleais de comércio, pois as barreiras alfandegárias impediam a entrada volumosa de produtos importados, de sorte que a economia brasileira encontrava-se praticamente isolada do resto do mundo[50]. Entretanto, com a queda do muro de Berlim e o real colapso do mundo comunista, as portas brasileiras abriram-se para o mundo, em sintonia com as tendências de globalização dos mercados e livre fluxo de mercadorias e serviços.

---

[50] Ver capítulo sobre o nascimento dos controles do comércio internacional, onde se apresentam dados sobre importação em relação ao PIB.

10.1 HISTÓRICO

A legislação *antidumping* no Brasil é recente, o que revela a incipiente experiência no trato da matéria.

A história econômica do País sempre foi atrelada à intervenção do Estado como gerenciador do processo de industrialização. O período de substituição das importações (1945-1980) é o exemplo clássico da predominância do Estado sobre a capacidade de empreender dos indivíduos, tornando-se evidentemente o principal propulsor da instalação do parque industrial nacional. Os instrumentos criados pelo Estado visando a proteger a indústria que se instalava no Brasil naquele período estavam consubstanciados na Lei nº 3.244 – a chamada Lei de Tarifas Alfandegárias. De acordo com esta lei, seria a Comissão de Política Aduaneira (CPA) o órgão competente para instituir e alterar alíquotas, base de cálculo, bem como isentar ou suspender o imposto de importação de determinadas mercadorias, sob certas condições (Guedes & Pinheiro, 1993).

Essa lei foi responsável pela introdução de mecanismos criados intencionalmente para proteger a indústria doméstica, entre eles a "pauta de valor mínimo" e o "preço de referência". A pauta de valor mínimo constituía-se em uma relação de produtos estrangeiros, uma prefixação de base de cálculo para fins de incidência do Imposto de Importação. O preço de referência é estabelecido para efeito de cálculo e cobrança do imposto de importação, constituindo a base mínima de cálculo do tributo.

Mais tarde, essa lei foi alterada pelo Decreto-Lei nº 730, de 1969, deixando o art. 9º de especificar quando seria permitido à CPA estabelecer pauta de valor mínimo (Guedes & Pinheiro, 1993).

O art. 4º do referido Decreto dispunha que: "Competirá à Comissão Executiva estabelecer pauta de valor mínimo para efeito de incidência de importação, obedecidas as normas, procedimentos e critérios de prioridade fixados pelo Conselho de Política Aduaneira".

Estes instrumentos atingiam indiscriminadamente as importações de produtos cuja proteção entendia-se necessária, ou seja, independente da existência da prática desleal ou do prejuízo à indústria local. Desta forma, um mesmo instrumento servia a distintas funções de proteção (Guedes & Pinheiro, 1993):

a) da indústria nacional de práticas desleais;
b) da indústria nascente local;
c) dos monopólios estabelecidos no País.

Faz-se mister salientar que dispositivos como a "pauta de valor mínimo" e "preço de referência", na prática, foram utilizados como instrumentos que permitiam corrigir preços de importações considerados baixos e danosos à indústria nacional. Daí a razão da defasagem no prazo de implementação dos Acordos que o Brasil aderiu em 1979 no âmbito do GATT[51], pois o Congresso Nacional só aprovou o referido Acordo em dezembro de 1986, através do Decreto Legislativo nº 20, de 5 de dezembro de 1986, promulgado pelo Decreto nº 93.941, de 16 de janeiro de 1987. Até então, *dumping* no Brasil não gozava de qualquer tutela do ponto de vista legal, mesmo ten-

---

[51] Acordo Relativo à Implementação do Artigo VI e Acordo Relativo à Interpretação e aplicação do Artigo VI do GATT o qual estabelece os procedimentos a serem adotados no tratamento de importações objeto de *dumping*.

do o País adotado o GATT, pela Lei n° 313, de 30 de julho de 1948[52].

10.2 O SISTEMA *ANTIDUMPING* DO BRASIL NA ATUALIDADE

Especificamente quanto à legislação *antidumping*, o Brasil incorporou as disposições consubstanciadas no GATT[53] e recentemente as disposições que criaram a OMC. O novo Código *antidumping*, resultado da Rodada Uruguai, foi regulamentado ao direito pátrio mediante o Decreto do Presidente da República n° 1.602, de 23 de agosto de 1995.

Muito embora hoje se esteja à frente de uma OMC com personalidade jurídica internacional e com capacidade de implementar com rigor as novas modificações do Código *antidumping*, não há ainda, no Brasil, elementos suficientes para comentar as repercussões das medidas à luz deste novo quadro. O caráter de novidade da matéria impõe que seja analisada sob aspectos genéricos, sem a efetiva comprovação no campo jurisprudencial.

Neste capítulo, são tecidos comentários acerca do funcionamento do processo *antidumping* no Brasil com base no Código *antidumping* resultado da Rodada Uruguai , pois este deu origem à atual regu-

---

[52] Ver artigo 2° da Lei n° 9.019, de 30 de março de 1995, que dispõe sobre a aplicação dos direitos previstos no Acordo *antidumping* e no Acordo de Subsídios e Direitos Compensatórios e dá outras providências.

[53] O Código *antidumping* foi primeiramente aprovado pelo Decreto Legislativo n° 20, de 5 de dezembro de 1986, e promulgado pelo Decreto n° 93.941, de 16 de janeiro de 1987, decorrentes do Acordo Geral sobre Tarifas e Comércio - GATT, adotado pela Lei n° 313, de 30 de julho de 1948.

lamentação[54] da aplicação dos direitos *antidumping* diante do caso concreto.

10.3 A ORGANIZAÇÃO INSTITUCIONAL BRASILEIRA

É consenso geral, em relação ao tema *antidumping* no Brasil, falar-se no atraso em que o País se encontra em relação aos seus parceiros comerciais[55] no que tange à aplicação de direitos *antidumping*. A escassez de recursos impera nas investigações, tornando o processo ainda mais lento. Provavelmente, a falta de prioridade à matéria explique essa situação[56].

Diante da atual estrutura, se forem levados em consideração os custos envolvidos na discussão das ações *antidumping*, a conclusão é no sentido de repensar os benefícios, pois somente a contratação de advogados internacionais pode extrapolar as despesas normais de uma média empresa. Assim sendo, faz-se necessária uma revisão *lato sensu* das instituições competentes para tratar a matéria à luz do novo mapa do comércio internacional.

Apesar das constantes alterações de natureza administrativa, os orgãos envolvidos nas investigações *Antidumping* são:

---

[54] A regulamentação da aplicação dos direitos *antidumping* no Brasil é trazida pelo Decreto do Presidente da República nº 1.602 de 23 de agosto de 1995.

[55] Os países que mais utilizam a legislação *antidumping* no mundo são: Estados Unidos, Austrália, Canadá e a UE (JACKSON, 1992).

[56] Faz-se mister a revisão da organização institucional brasileira para que se consigam atingir os reais objetivos propostos na legislação *antidumping*.

Secretaria de Comércio Exterior do Ministério da Indústria, do Comércio e do Turismo (SECEX)

Compete à SECEX a concretização dos principais elementos da política de comércio exterior, orientada com base nas diretrizes traçadas pelo MICT, órgão responsável pela emissão das guias de importação[57].

Departamento técnico de tarifas (DTT)

Órgão ligado à SECEX, o DTT possui competência para analisar as questões de *antidumping* e de Medidas Compensatórias na esfera administrativa. A petição inicial é dirigida ao DTT, sendo este responsável pelas medidas cabíveis que descreveremos mais adiante. Conforme o disposto no art. 3º do Decreto nº 93.941/87, que promulga a implementação do artigo VI do GATT, o DTT, atualmente inserido nas funções da extinta CPA, pode expedir normas complementares para possibilitar a aplicação do Acordo. É também encarregado de gerir pedidos de elevação e redução das alíquotas do imposto de importação.

O DTT subdivide-se internamente em três coordenadorias para apreciar questões relativas ao *dumping*.

Trata-se de divisões por produto, onde cada coordenadoria é responsável pelas ações *antidumping* e alterações tarifárias. As coordenadorias são:

a) Coagro – Agroindústria;

b) Comel – Indústria metal-mecânica, siderurgia, eletro-eletrônica, brinquedos;

c) Química e Têxtil.

---

[57] As informações necessárias para iniciar as investigações *antidumping*, com base nas guias de importação, são disponíveis na SECEX.

Departamento Técnico de Intercâmbio Comercial (DTIC)

Órgão subordinado à SECEX, possui as seguintes atribuições:

a) adquirir ou financiar, por ordem e conta do Tesouro Nacional, produtos de importação necessários ao abastecimento do mercado interno;

b) elaborar as estatísticas de comércio exterior.

Secretaria da Receita Federal do Ministério da Fazenda (SRF)

A SRF é o órgão responsável pelo controle e administração do recolhimento de impostos federais devidos por ocasião de importações, bem como dos incentivos fiscais relacionados aos impostos federais nas exportações. Fiscaliza e procede também o desembaraço aduaneiro nas entradas e saídas de bens.

Conforme dispõe o art. 7º, §§ 1º e 2º, da Lei nº 9.019, de 30 de março de 1995, a SRF será competente para a cobrança dos direitos *antidumping* provisórios ou definitivos, bem como a sua restituição. Verificado o inadimplemento da obrigação, a SRF encaminhará a documentação pertinente à Procuradoria-Geral da Fazenda Nacional para inscrição do débito em Dívida Ativa da União e respectiva cobrança.

10.4 ROTEIRO PARA INVESTIGAÇÃO DE *DUMPING*

O Decreto nº 1.602, de 23 de agosto de 1995, regulamenta as normas que disciplinam os procedimentos administrativos, relativos à aplicação de medidas *antidumping* no Brasil.Compete à SECEX promover o processo administrativo disciplinado por este Decreto.

10.4.1 Principais Elementos da Legislação *antidumping* Brasileira

10.4.1.1 Princípio Geral. Um direito *antidumping* só poderá ser aplicado se ficar estabelecido que as importações objeto de *dumping* causam, ameaçam causar dano, ou retardam a implantação de indústria doméstica[58]. Um produto é objeto de *dumping* se o seu *preço de exportação* para o Brasil for inferior ao *valor normal* de produto similar no mercado de origem. Trata-se da configuração da discriminação de preços, que para ser questionada, deverá também causar dano à indústria doméstica do país importador.

O artigo 4º do Dec. 1.602 inova ao definir que os bens importados sob a modalidade *drawback* também estarão contemplados para fins de determinação de *dumping*.

10.4.1.2 Valor Normal. Entende-se por valor normal o preço comparável realmente pago ou a pagar, no curso de *operações comerciais normais*, por *produto similar* destinado ao consumo no país de exportação ou de origem. O preço deve ser líquido de toda carga tributária incidente e de todos os descontos e abatimentos diretamente ligados às vendas consideradas.

---

[58] Os elementos referentes ao impedimento de instalação de uma indústria doméstica e a ameaça de causar dano são de difícil prova e não constituem por si só elementos suficientes para a imposição da medida.

No caso das vendas *não* serem realizadas no curso de operações comerciais normais, ou quando inexistirem vendas de produto similar no mercado exportador, o *valor normal* será determinado por base:

- no preço fixado pelo exportador para as exportações realizadas para outros mercados;

- ou no valor construído, com base nos custos de produção do país de origem, mais razoável margem de lucro, demonstrando separadamente os elementos de custo e a maneira de se chegar a eles.

Os *custos de produção* são calculados com base nos custos fixos e variáveis[59], relativos aos materiais empregados e ao processo produtivo, no *curso das operações comerciais normais* no país de origem, acrescido de um montante mínimo para cobrir despesas de venda, administração e outras despesas gerais.

Diante da realidade prática, pode-se notar em vários casos a impossibilidade de conseguir informações confiáveis em relação aos custos. Caso se revelem indisponíveis, a investigação deverá tomar como referência despesas efetuadas e lucros auferidos por outros produtores ou exportadores no país exportador, nas vendas rentáveis de *produto similar*. Os custos deverão ser calculados com base nos registros contábeis mantidos pelo exportador ou pelo produtor objeto da investigação, desde que tais registros estejam de acordo com os princípios contábeis aceitos no país exportador e reflitam os custos relacionados com a produção e a venda do produto em causa.

---

[59] Nota-se que a forma de construção dos valores pode ser diferente e levar a resultados distintos – trata-se de ponto técnico da matéria onde o envolvimento de perícias é fundamental.

O preço comparável, quando exportado para um terceiro país, poderá ser o preço de exportação mais elevado, contanto que representativo em matéria de quantidades exportadas (20%) das vendas do exportador no período investigado.

Do ponto de vista prático e levando em consideração os custos envolvidos na investigação *antidumping*, recomenda-se o uso do valor construído, já que o *preço de exportação* para terceiros países envolveria naturalmente investigação em outros mercados com potencial ocorrência de *dumping*.

Pode-se encontrar casos com importações provenientes de países de economia planificada, ou seja, países que não possuem o sistema da livre iniciativa e distantes da economia de mercado, de sorte que para determinar o *valor normal* adotam-se os seguintes procedimentos:

a) o preço de venda, de produto similar de um terceiro país de economia de mercado, seja para consumo no mercado interno desse país, seja para exportação para outros países incluindo o Brasil;

b) ou o valor construído de um terceiro país de economia de mercado;

c) ou quando nem os preços, nem o valor construído estabelecidos em conformidade com o disposto nas alíneas a) ou b), constituírem uma base adequada, o preço realmente pago ou a pagar no Brasil por produto similar, devidamente ajustado, caso necessário, a fim de incluir margem adequada de lucro.

A escolha do terceiro país de economia de mercado, referido anteriormente, recairá sobre aquele cuja produção de bem analisado seja análoga à do

país sob investigação, observando-se os seguintes critérios[60]:
- uso de tecnologia;
- escala de produção;
- nível de desenvolvimento do setor.

Para efeito de desconsideração por parte de empresas que visem a burlar a investigação, dissimulando dados e escondendo a realidade de suas práticas comerciais, a lei *antidumping* prevê instrumentos capazes de contemplar essas hipóteses.

Neste sentido não são consideradas *operações comerciais normais para efeito de investigação:*
- vendas realizadas entre empresas associadas ou que possuam qualquer espécie de acordo compensatório, a menos que os preços e custos em questão sejam comparáveis aos de operações realizadas entre partes não-associadas ou não-ligadas por acordos compensatórios;
- vendas realizadas a preços inferiores aos custos de produção no mercado doméstico do exportador;
- vendas no mercado interno de produtos habitualmente destinados à exportação.

10.4.1.3. Produto similar. O produto similar é o produto idêntico, sob todos os aspectos, ao produto considerado. Na sua ausência, será considerado similar outro que, embora não semelhante sob todos os aspectos, possua a mesma constituição física e as mesmas características técnicas do produto em questão. A composição química, os insumos usados,

---

[60] A intenção do legislador foi de ter em mãos dados cuja própria comparação aponte indícios capazes de sustentar a prova de prática desleal.

as características de aplicação e uso do produto estão entre os fatores determinantes da similaridade[61].

10.4.1.4. Indústria Doméstica. Para fins de ação *antidumping*, considera-se indústria doméstica o conjunto de estabelecimentos produtivos localizados no território nacional. Da mesma forma, o fabricante de produto nacional similar àqueles cujas importações estejam sendo alegadamente feitas a preços de *dumping*. No entanto, os produtores nacionais ligados aos exportadores ou importadores, ou os próprios importadores do produto submetido à investigação poderão ser excluídos da definição de indústria doméstica. O propósito do legislador foi de excluir aqueles intermediários que estariam auferindo vantagens decorrentes da prática desleal de *dumping*.

10.4.1.5. Preço de exportação. Preço de exportação para o Brasil do produto alegadamente objeto de *dumping* é o valor *Free on Board* (FOB) da mercadoria exportada *ex factory*.

O preço realmente pago, ou a pagar pelo produto vendido para exportação para o Brasil, líquido de todos os impostos, descontos e abatimentos realmente verificados e diretamente ligado às vendas consideradas. Ainda na análise do preço de exportação, serão tomados em consideração os descontos diferidos se estes tiverem sido efetivamente concedidos e estiverem diretamente ligados às vendas consideradas.

---

[61] O artigo 5º, parágrafo 1º, do Código *antidumping* traz a definição de produto similar.

110

Pode a autoridade investigadora entender que o preço de exportação esteja distorcido pela existência de associação ou acordo compensatório entre importador e exportador ou um terceiro[62], ou então, por outras razões, o preço realmente pago, ou a pagar pelo produto exportado para o Brasil, não puder servir de referência. Nestes casos, o *preço de exportação* poderá ser calculado com base no valor pelo qual o produto importado é revendido pela primeira vez a um comprador independente. Em outras palavras, o *preço de exportação* vai ser calculado a partir do preço pelo qual o produto é vendido pela primeira vez a uma parte não-associada ao importador, deduzindo-se deste preço de venda todos os custos verificados entre importação e revenda, incluindo margem de lucro razoável.

Essas deduções incluem, em particular, os seguintes elementos:

- transporte, seguro, manutenção, desembarque e outras despesas acessórias;

- direitos aduaneiros, direitos *antidumping* e outras taxas a pagar no país importador decorrentes da importação ou venda das mercadorias;

- margem razoável para as despesas gerais e os lucros e/ou toda e qualquer comissão usualmente paga ou acordada.

Caso persistam dúvidas dada a complexa natureza das inúmeras situações comercias que envolvem o tema, as mesmas seriam dirimidas pelo pronunciamento do DTT, cujo teor é no sentido de definir-se o *preço de exportação* com base nas melho-

---

[62] Em caso de associação, entre exportador e importador, ou de um acordo compensatório entre eles, ver artigo 17º do Decreto nº 1.602, de 23 de agosto de 1995.

res informações disponíveis no momento da investigação – *best information available* (BIA).

Na busca de tornar mais claro o fluxo de procedimentos relativos à investigação da existência ou não da prática de *dumping*, segue o "Diagrama de Procedimentos". Vale a pena salientar que esta investigação se dá na esfera administrativa, de competência do DTT.

Diagrama dos procedimentos

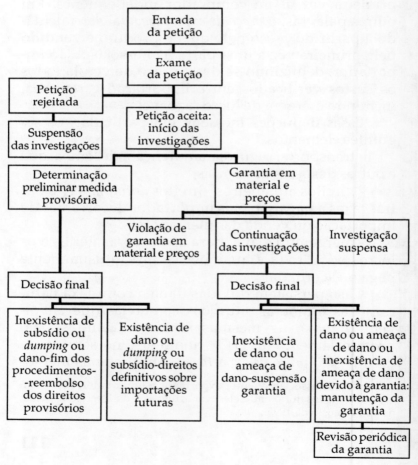

10.4.2. Determinação do montante de *dumping* via comparação do valor normal e preço de exportação

A determinação do montante de *dumping* envolve a comparação entre *valor normal* do produto e seu *preço de exportação*.

Para uma comparação justa, os dois preços deverão ser avaliados na mesma fase comercial, de preferência o preço *ex factory*, ou seja, na porta do estabelecimento produtivo, sem impostos, taxas e custos de transporte. O período referente à comparação deverá ser o mais próximo possível. Dessa forma, o montante de *dumping* será calculado pela diferença aritmética entre o *valor normal* do produto no mercado doméstico (ex-fábrica) do país exportador e o *preço de exportação*, normalmente no país de origem.

$$MD = VN - PE$$

Onde:
VN = valor normal;
PE = preço de exportação (preço FOB das guias de importação);
MD = montante de *dumping*.

A margem de *dumping* será definida com base no montante de *dumping*. Esta será a razão percentual entre o montante de *dumping* encontrado e o valor normal do produto, ou seja:

$$MD = \frac{md}{vn}$$

Onde:
MD = margem de *dumping*;
md = montante de *dumping*;
vn = valor normal.

Conforme artigo 14 parágrafo 7º do Decreto nº 1.602 , a margem de *dumping* será considerada como *de minimis* quando expressa como um percentual de preço de exportação, for inferior a 2%.

Quando positiva, esta margem de *dumping* deverá ser aplicada no momento do desembaraço da mercadoria no território nacional e suficiente para eliminar o dano ou ameaça de dano à indústria do país importador. O direito *antidumping* será calculado mediante aplicação de alíquota *ad valorem* sobre o valor aduaneiro da mercadoria e cobrado independentemente de qualquer obrigação de natureza tributária relativa à sua importação.

As devidas ponderações deverão ser feitas diante das circunstâncias do caso concreto, ou seja, diferenças relativas às características físicas do produto, aos encargos de importação e impostos indiretos e às despesas de venda realizadas em diferentes estágios comerciais.

Salienta-se a possibilidade de proceder-se um ajustamento, por requerimento da parte interessada, visando à ampla possibilidade de expor documentos referentes aos negócios praticados no âmbito do comércio internacional.

No que tange aos ajustamentos destinados à comparação de preços, as regras são as seguintes:

10.4.2.1 Características físicas. Caso comprovado que o produto exportado para o Brasil não é idêntico, sob todos os aspectos, ao produto considerado na determinação do valor normal, este último deverá ser ajustado num montante correspondente à estimativa do valor da diferença existente nas características existentes do produto em questão.

114

Do ponto de vista prático, isto significa calcular o montante do ajustamento com base na diferença entre o preço de mercado no país de origem ou país exportador do produto idêntico àquele exportado para o Brasil e o preço doméstico usado na determinação do valor normal. Em caso de impossibilidade por motivos de indisponibilidade do produto no país de origem, o ajustamento será calculado nos custos de produção correspondentes às diferenças encontradas.

10.4.2.2. Encargos de importação e impostos indiretos. Do *valor normal* deverá ser deduzido montante correspondente a quaisquer encargos de importações, impostos de importação e outros encargos fiscais cobrados na importação, bem como impostos indiretos (impostos e taxas sobre vendas, consumo, faturamento, valor adicionado, etc.) que recaiam sobre produto similar e insumos incorporados. Esta dedução será feita quando o produto em questão se destinar ao consumo no país de origem ou no de exportação, e os referidos encargos e/ou impostos tenham sido cobrados no produto exportado para o Brasil.

10.4.2.3. Despesas de vendas. Duas regras devem ser observadas quando do ajustamento referente a despesas de vendas:

- a despesa deve estar diretamente relacionada às vendas sob consideração, isto é, não serão consideradas para efeito de ajustamento as despesas gerais, tais como gastos com propaganda, pesquisa e desenvolvimento, etc.;

- só serão consideradas para efeito de ajustamento as despesas incorridas após a efetivação das vendas, isto é, custos de armazenamento, transporte, etc. incorridos antes da venda ser efetivada não serão levados em conta.

10.4.2.4. Transporte, Seguro, Manutenção, Carregamento/Desembarque e Outras Despesas Acessórias. Do *valor normal* devem ser deduzidos custos de transporte e seguro, diretamente ligados às vendas sob consideração, incorridos pelo exportador desde a porta da fábrica até a colocação do produto nas instalações do primeiro comprador independente. Do *preço de exportação* devem ser deduzidos os custos de transporte e seguro diretamente ligados às vendas sob consideração, incorridos pelo exportador desde a porta da fábrica até o Brasil.

10.4.3. Do dano à indústria

Antes que se possa agir contra as importações sujeitas à prática de *dumping*, deve-se comprovar que tais produtos vindos do exterior estão causando dano à indústria nacional produtora de produtos nacionais. Este dano poderá ser material ou até mesmo uma ameaça capaz de retardar o estabelecimento de determinada indústria.

As investigações são examinadas com base em um período de tempo, para se ter idéia de volumes, participação de mercado e outros fatores de natureza econômica. Nota-se que grande parte do tempo gasto em investigações *antidumping*, tanto no Brasil quanto na Europa e nos Estados Unidos, é dedicada à comprovação do dano como condição à aplicação do direito *antidumping*. É pacífico o entendimento de que as maiores dificuldades na aplicação dos direitos *antidumping* residem na comprovação e quantificação do dano causado à industria do país importador.

10.4.3.1 Dano. A determinação de dano para as finalidades previstas no artigo VI do GATT 1994 deverá basear-se em provas materiais e incluir exame objetivo (a) do volume das importações a preço de *dumping* e seu efeito sobre os preços de produtos similares no mercado interno e (b) do conseqüente impacto destas importações sobre os produtores nacionais desses produtos[63].

Muito embora a avaliação do dano seja de natureza econômica, não existe fórmula exata que determine a sua existência; a legislação traz uma mera lista de fatores que permite indagar a respeito do montante de dano. O exame deve compreender os fatores possíveis de serem levantados, informações que permitam um exame objetivo do efeito das importações com *dumping* no mercado brasileiro do produto em questão, no que se refere ao impacto destas importações sobre os produtores domésticos. Esta lista é determinada pelo GATT, sendo também aplicada nas investigações de dano da UE. Os fatores são:

- produção;
- utilização da capacidade instalada;
- estoques;
- participação de mercado;
- vendas;
- preços (depressão ou supressão);
- lucros;
- retorno sobre o investimento;
- fluxo do caixa;
- nível de emprego.

A essência da decisão que definirá a presença ou não de dano dependerá das circunstâncias de

---

[63] Para efeitos do Acordo, o termo "dano" deve ser entendido como dano material causado à indústria nacional, ameaça de dano material à indústria nacional ou atraso real na implantação de tal indústria, e deverá ser interpretado de acordo com o art. 3º do Acordo sobre a Implementação do Artigo VI do GATT 1994.

cada caso. Não deverá ser admitido posicionamento protecionista por parte da indústria doméstica. Mesmo que um ou outro fator desta lista esteja sendo deteriorado em função da concorrência, se a situação geral da indústria é próspera, estes elementos serão insuficientes para a caracterização do dano.

10.4.3.2. Ameaça de dano. A determinação da ameaça de dano somente será admitida em situação onde as circunstâncias do caso levem o julgador a perceber que dano material indiscutivelmente ocorrerá se não forem tomadas as medidas cabíveis. Embora direitos *antidumping* com base na ameaça de dano sejam raros, a taxa de crescimento de importações de determinado produto, ou a própria capacidade instalada de produção do país de origem, poderão ocasionar a medida, caso torne-se perceptível a probabilidade de que estas exportações se destinem ao país. As dificuldades de comprovação da ameaça de dano são muito maiores do que quando o dano é material e visível, com base nos fatores econômicos arrolados anteriormente. Esta determinação de ameaça de dano material deverá basear-se em fatos, e não meramente em alegações, conjecturas ou possibilidades remotas.

A intensão da legislação *antidumping*, no que diz respeito à determinação de dano, é de que a parte interessada efetivamente comprove com dados e fatos o nexo causal entre as importações e o dano decorrente, por meio de:

- elementos de prova pertinentes;
- impacto do processo de liberação das importações sobre os preços domésticos;
- mudança nos padrões de consumo; e
- produtividade da indústria doméstica.

11. Conclusão

Embora o Brasil ainda não esteja suficientemente aberto, sob o ponto de vista econômico, deve-se ter em pauta quais são as práticas utilizadas pelas economias desenvolvidas diante do novo cenário proposto pela OMC. O contencioso *antidumping* nos Estados Unidos e na União Européia data de muito tempo, sendo o sistema de proteção contra práticas desleais de comércio internacional.

Diante das experiências vividas com a legislação *antidumping*, deve-se ressaltar o fato de a mesma conferir grande flexibilidade ao julgador do caso concreto, conferindo-lhe a possibilidade de direcionar contra qual país, empresa e produto recairão os direitos *antidumping*. Em vista disso, pode-se presenciar casos em que a determinação de *dumping* é essencialmente arbitrária e situações onde realmente há prática desleal. A forma com que for aplicada a legislação e as circunstâncias de cada caso deverão determinar a legitimidade das medidas impostas. A premissa maior do país que investiga a existência de *dumping* e dano será averiguar se as importações são realmente uma prática desleal ou decorrência natural de maior competitividade dos produtos estrangeiros. Este desafio torna-se ainda mais interessante quando o direito *antidumping* é imposto sem obstaculizar o crescimento do comércio internacional, pois caso contrário, será taxado de medida não-tarifária com cunho essencialmente protecionista.

A complexidade do tema sofre forte influência da política econômica adotada pelos países membros do Acordo da OMC. Assim sendo, a finalidade daqueles que fazem uso desta legislação será conseguir demonstrar que o *dumping* deve ser repudiado, pois trata-se de prática desleal que manda sinais prejudiciais ao livre mercado.

As dificuldades de aplicação das medidas *antidumping* são visíveis. As diferentes interpretações referentes ao Código *antidumping* ainda existem, tornando sua aplicabilidade frágil diante de uma estrutura institucional administrativa inexperiente e lenta. Diante desta realidade, o programa de liberalização da economia fez com que o Governo tomasse algumas precauções no sentido de adaptar seus instrumentos de proteção contra práticas desleais de comércio. A Lei nº 9.019/95 e o Decreto nº 1.602 vieram para reforçar a intenção de coibir tais práticas, conferindo à indústria doméstica instrumentos alinhados com os dispositivos da OMC.

Conclui-se que, a aplicação das medidas *antidumping*, em sintonia com os Acordos da OMC, estão legitimadas. Diante disto, se a prática comercial do país exportador estiver enquadrada nas circunstâncias do Código *antidumping*, poderá este sofrer medida em montante capaz de neutralizar o dano sofrido pela indústria doméstica do país importador.

Anexo

Legislação referente a *antidumping*

Decreto Legislativo nº 20, de 5 de dezembro de 1986.
Aprova acordo *antidumping* – Acordo relativo à Implementação do Artigo VI do Acordo Geral sobre Tarifas Aduaneiras e Comércio (GATT), concluído em Genebra a 12 de abril de 1979.

Decreto nº 93.941, de 16 de janeiro de 1987.
Promulga o Código *Antidumping* decorrente do Acordo Geral sobre Tarifas Aduaneiras e Comércio – GATT.

Decreto Legislativo nº 30, de 15 de dezembro de 1994.
Aprova a Ata Final que Incorpora os Resultados da Rodada Uruguai de Negociações Comerciais Multilaterais do GATT assinada em Marraqueche, em 12 de abril de 1994.

Decreto nº 1.355, de 30 de abril de 1994.
Promulga a Ata Final que Incorpora os Resultados da Rodada Uruguai de Negociações Comerciais Multilaterais do GATT.

- Considerando que o Instrumento de Ratificação da referida Ata Final pela República Federativa do Brasil foi depositado em Genebra, junto ao Diretor-Geral do GATT, em 21 de dezembro de 1994;

A referida Ata entrou em vigor para a República Federativa do Brasil em 1º de janeiro de 1995.

Resolução da Comissão de Política Aduaneira nº 00-1227, de 14 de maio de 1987.
Regulamenta o Código *antidumping* estabelecendo procedimentos administrativos na sua aplicação.

Resolução da Comissão de Política Aduaneira nº 00-1582, de 17 de fevereiro de 1989.
Altera a redação dos artigos 3º, 12, 27, 32, 35, 36 e 50 da Resolução 00-1227, de 14 de maio de 1987.

Portaria nº 49, de 12 de agosto de 1993.
Portaria do MICT instituindo o Conselho Técnico Consultivo – CTC para examinar questões relativas à imposição de direitos *antidumping* contra práticas desleais de comércio adotadas por terceiros países em suas exportações para o Brasil.

Lei nº 9.019, de 30 de março de 1995.
Dispõe sobre a aplicação dos direitos previstos no Acordo *antidumping* e dá outras providências.
O Congresso Nacional aprovou a Medida Provisória nº 926, reeditada nos termos da MP nº 616, de 14.09.1995, sendo então Promulgada na forma do artigo 62 da Constituição Federal de 1988.

Decreto n° 1.602, de 23 de agosto de 1995.
Dispõe sobre a aplicação dos direitos previstos no Acordo *antidumping* no âmbito da OMC.
Orientará o DECEX sobre os procedimentos administrativos da aplicação das medidas *antidumping*.

Textos referentes à ata final que incorpora os resultados das negociações comerciais multilaterais da Rodada Uruguai

I - Ata final que incorpora os resultados da Rodada Uruguai de negociações comerciais multilaterais.

II - Acordo que estabelece a organização mundial do comércio (OMC).

ANEXO 1 A - acordos sobre o comércio de bens:

1. Acordo Geral sobre Tarifas e Comércio 1994 (GATT 1994)
   a) Entendimento sobre a interpretação do artigo II 1(b).
   b) Entendimento sobre a interpretação do Artigo XVII.
   c) Entendimento sobre dispositivos sobre balança de pagamentos.
   d) Entendimento sobre a interpretação do artigo XXIV.
   e) Entendimento sobre a interpretação do artigo XXV.
   f) Entendimento sobre a interpretação do artigo XXVIII.
   g) Entendimento sobre a interpretação do artigo XXXV.

2. Protocolo da Rodada Uruguai GATT 1994.
3. Acordo sobre Agricultura.

4. Acordo sobre medidas sanitárias e fitossanitárias.
5. Acordo sobre têxteis e vestuário.
6. Acordo sobre barreiras técnicas ao comércio.
7. Acordo sobre medidas de investimentos. relacionadas ao comércio (TRIMs).
8. Acordo sobre implementação do artigo VI (*antidumping*).
9. Acordo sobre implementação do artigo VII (valoração aduaneira).
10. Acordo sobre inspeção pré-embarque.
11. Acordo sobre regras de origem.
12. Acordo sobre procedimentos relativos a licenças de importação.
13. Acordo sobre subsídios e medidas compensatórias.
14. Acordo sobre salvaguardas.

ANEXO 1 B: Acordo geral sobre comércio de serviços (GATS) e anexos.

ANEXO 1 C: Acordo sobre os aspectos comerciais dos direitos de propriedade intelectual, incluindo o comércio de bens falsificados (TRIPs).

ANEXO 2: Entendimento sobre regras e procedimentos sobre solução de controvérsias (DSU).

ANEXO 3: Mecanismos de avaliação da política comercial (TPRM).

ANEXO 4: Acordos Plurilaterais.
Anexo 4 (a). Acordos sobre comércio de aeronaves civis.

Anexo 4 (b). Acordos sobre compras governamentais.

Anexo 4 (c). Arranjo internacional sobre produtos lácteos.

Anexo 4 (d). Arranjo sobre Carne Bovina.

Não estão incluídas as declarações ministeriais.

Fonte:
Publicada em Suplemento do Diário Oficial de 31.12.1994, nº 248-A.

Bibliografia

ANDERSON, James E. Strategic lobbying and antidumping. *Journal of Economic Integration*, v. 9, n. 2, p. 129-155, 1994.

BARCELLO, John J. *An analytical history of GATT unfair trade remedy law*. London, 1991.

BEHRENDS, Frederico L. *Comércio exterior*. 2.ed. Porto Alegre: Ortiz, 1994.

BHAGWATI, Jabdish. *Protecionismo versus livre comércio*. São Paulo: Nórdica, 1990.

CABANELLAS, Guillermo. *El dumping, legislation argentina y Derecho Comparado*. Buenos Aires: Heliasta, 1981.

CAMPOS, Roberto. *A lanterna na popa*. Rio de Janeiro: Top Books, 1994.

DEARDORFF, Alan V. Economic perspectives on antidumping law. *In:* JACKSON, John H.; VERMULST, Edwin A. (Ed.) *Antidumping law and practice* : a comparative study. Ann Arbor: The University of Michigan Press, 1989. p. 23-39

DIANI, Guida; PEREIRA, Lia Valls. Salvaguardas, *dumping* e subsídios : revisão da Rodada Uruguai. *Perspectivas da Economia Brasileira*, v. 1, p. 247-264, 1994.

ELY, Juliana Renner; FREIBERGER, Igor Ferraz. *O Acordo Geral sobre Tarifas e Comércio (GATT) na atualidade*. Porto Alegre: UFRGS, 1993.

FARIA, José Ângelo Estrella. Acordos de autolimitação à exportação: instrumentos do protecionismo. *Revista de Informação Legislativa*, v. 29, n. 115, p. 495-508, jul./set. 1992.

FINGER, Michael J. *Antidumping : how it works and who gets hurt*. Ann Arbor: The University of Michigan Press, 1993.

FURTADO, Celso. *Formação econômica do Brasil*. 24.ed. São Paulo: Nacional, 1991.

GARTEN, Jeffrey E. New challenges in the world economy : the antidumping law and U.S. trade policy. *World Competition*, v. 17, n. 4, p. 129-157, June 1994.

GATT activities 1993: *An annual review of the work of the GATT*. Geneva: GATT Secretariat, 1993.

GATT. *What it is what it does*. Geneva: GATT Secretariat, 1992.

GUEDES, Josefina Maria M.; PINHEIRO, Silvia M. *Antidumping, subsídios e medidas compensatórias*. São Paulo: Aduaneiras, 1993.

GUIMARÃES, Eduardo Augusto; NAIDIN, Leane. GATT 1994 : os novos acordos sobre *dumping*, subsídios e salvaguardas. *Revista Brasileira de Comércio Exterior*, n. 39, p. 45-51, abr./jun. 1994.

HARTIGAN, James C.; KAMMA, Sreenivas; PERRY, Phillip R. Are subsidies more dangerous than dumping? *Journal of Economic Integration*, Korea, v. 9, n. 1, p. 1-28, 1994.

HAZLITT, Henry. *Economia em uma única lição*. Rio de Janeiro: J. Olympio: IL, 1986.

HORLICK, Gary N. *The United States antidumping system*. In: JACKSON, John H.; VERMULST, Edwin A. (Ed.) *Antidumping law and practice* : a comparative study. Ann Arbor: The University of Michigan Press, 1989. p. 99-166

JACKSON, John H. *Dumping* in international trade : its meaning and context. In: JACKSON, John H.; VERMULST, Edwin A. (Ed.) *Antidumping law and practice* : a comparative study. Ann Arbor: The University of Michigan Press, 1989. p. 1-22

_____. *Restructuring the GATT system*. London: Biddles, 1990.

JACKSON, John H.; VERMULST, Edwin A. (Ed.) *Antidumping law and practice* : a comparative study. Ann Arbor: The University of Michigan Press, 1989.

JERJE, Martin. Foreign multinational corporations and U.S. antidumping law : defining a "domestic" business. *Journal of World Trade*, v. 28, n. 4, p. 67-82, 1994.

JIMENEZ, Martha Lucia O. *A defesa contra as práticas desleais na Europa, um exemplo a seguir?* Brasília: Senado Federal, Subsecretaria de Edições Técnicas, Porto Alegre: ABEI, 1992.

JOHANNPETER, Guilherme. *Antidumping*. In: Pensamentos liberais. Porto Alegre: Ortiz, 1994. p. 163-173

KROUSE, Clement G. US antidumping law and competition in international trade. *Journal of the Economics of Business*, v. 1, n. 2, p. 291-306, 1994.

LEGISLAÇÃO brasileira anti-dumping : uma defesa contra importações desleais. *Comércio Exterior em Perspectiva*, Rio de Janeiro, v. 2, n. 11, p. 1-16, ago. 1993.

LEITE, Eduardo de Oliveira. *A monografia jurídica*. Porto Alegre: Fabris, 1985.

LAFER, Celso. *Direito e comércio internacional*. São Paulo: LTR, 1994.

LEÃES, Luiz Gastão Paes de Barros. *O "dumping" como forma de abuso do poder econômico*. São Paulo, 1993.

LÓPEZ, Julio A. Garcia. *La crisis del sistema GATT y el Derecho antidumping Comunitario*. Madrid: Colex, 1992.

LOWENFELD, Andreas F. *Public controls on international trade*. 2.ed. New York: Mattew Bender, 1983.

——. Remedis along with rights: institutional reform in the new GATT. *The American Journal of International Law*, New York, v. 88, n. 3, p. 477-488, July 1994.

McGOVERN, Edmond. *The anti-dumping report*. Exeter: Globefield Press, 1994.

MESSERIN, Patrick A. The EC antidumping regulations : a first economic appraisal, 1980-1985. *Weltwircshftliches Archiv*, v. 125, p. 563-587, 1989.

MISES, Ludwig Von. *Liberalismo*. São Paulo: IL, 1987a.

——. *O mercado*. Rio de Janeiro: J. Olympio: IL, 1987b.

PETERSMANN, Ernst-Ulrich. Proposals for negotiating international competition rules in the GATT/WTO world trade and legal system. *Aussenwirtschaft*, Zurich, n. 49, p. 231-277, 1994a.

——. The dispute settlement system of the World Trade Organization and the evolution of the GATT dispute settlement system since 1948. *Common Market Law Review*, v. 31, n. 6, p. 1157-1244, 1994b.

RANGEL, Vicente Marotta. *Direito e relações internacionais*. 3.ed. São Paulo: LTR, 1988.

REZEK, J. F. *Direito Internacional Público*. 2.ed. São Paulo: Saraiva, 1991.

ROBERTS, Russell D. *The choice* : a fable of free trade and protectionism. Englewood Cliffs, NJ: Prentice Hall, 1994.

SCHNEIDER, José Odelso; LENZ, Matias Marinho; PETRY, Almiro. *Realidade brasileira*. 10. ed. Porto Alegre: Sulina, 1990.

SEN, S. R. From GATT to WTO. *Economical and Political Weekly*, 22 Oct. 1994. p. 2802-2804

THARAKAN, P. K. M. Antidumping and countervailing duty decisions in the E.C. and in the U.S. *European Economic Review*, North Holland, v. 38, p. 171-193, 1994.

THE RESULTS of the Uruguay Round of multilateral trade negociations : legal texts. Geneva: GATT Secretariat, 1995.

THE WTO enters into force. *GATT Focus*, Geneva, n. 113, p. 1-6, Dec. 1994. Final issue.

VARANDA, Aquiles Augusto. *A disciplina do dumping do GATT: tipificação de um delito num tratado internacional*. São Paulo, 1987. Tese (Doutorado).

WERTER, Faria. *Constituição econômica, liberdade de iniciativa e de concorrência*. Porto Alegre: Fabris, 1990.

Editora Gráfica Metrópole S.A.